Impressum
Verlag: BABADADA GmbH, Nedderfeld 112 , 22529 Hamburg
Geschäftsführer / Verlagsleitung: Harald Hof
Druck: Books on Demand GmbH, In de Tarpen 42, 22848 Norderstedt

Imprint
Publisher: BABADADA GmbH, Nedderfeld 112 , 22529 Hamburg, Germany
Managing Director / Publishing direction: Harald Hof
Print: Books on Demand GmbH, In de Tarpen 42, 22848 Norderstedt, Germany

duɗal

skola

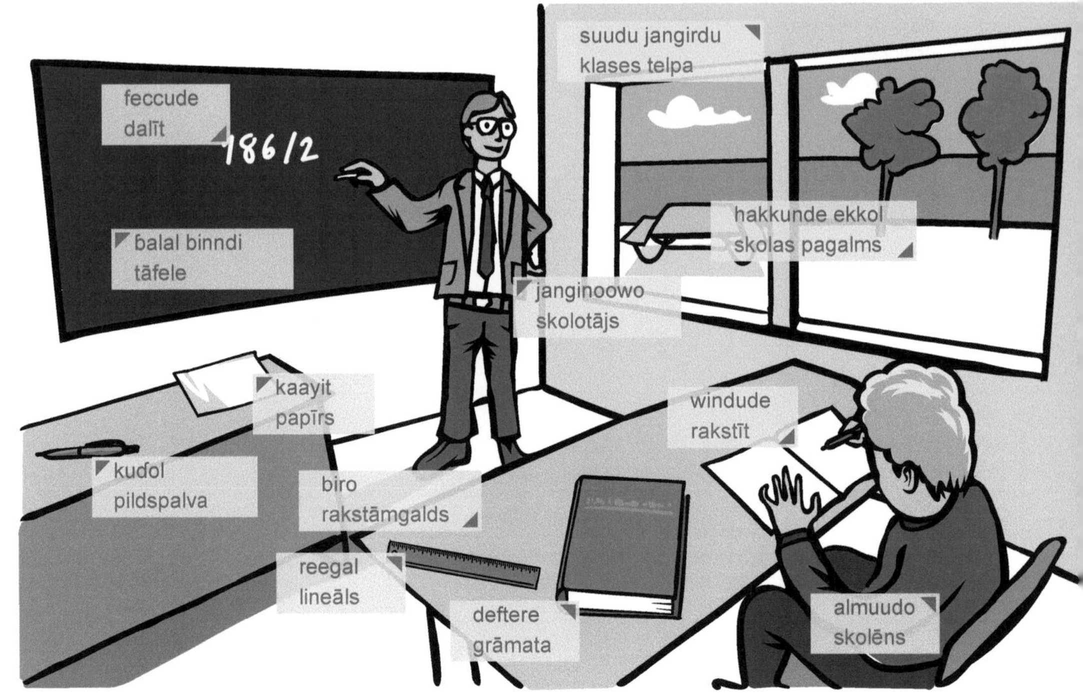
suudu jangirdu
klases telpa
feccude
dalīt
186/2
ɓalal binndi
tāfele
hakkunde ekkol
skolas pagalms
janginoowo
skolotājs
kaayit
papīrs
windude
rakstīt
kuɗol
pildspalva
biro
rakstāmgalds
reegal
lineāls
deftere
grāmata
almuudo
skolēns

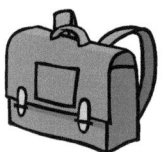

kartaabal

skolas soma

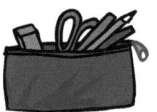

moftirdo kereyonji

penālis

kereyo

zīmulis

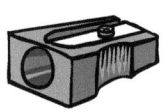

ceeɓnirgel kereyon

zīmuļu asināmais

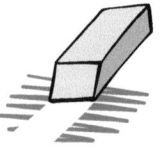

momtirgel

dzēšgumija

alluwal ciifirgal

zīmēšanas bloks

ciifgol

zīmējums

limsere pentirteeɗo

ota

suwo pentirɗo

krāsas

sisooji

šķēres

ɗakkorgal

līme

deftere ekkorgal

darba burtnīca

golle janŋde

mājas darbs

niimara

skaitlis

ɓeydude

saskaitīt

ustude

atŋemt

ɓeydude keeweendi

reizināt

qimaade

rēķināt

ɓataake

burts

karfeeje

alfabēts

kongol

vārds

bindol

teksts

jangude

lasīt

bindirgal

krīts

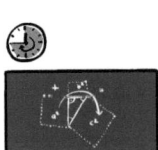

darsu

mācību stunda

winditaade

žurnāls

egsame

eksāmens

sartifika

liecība

comcol duďal

skolas forma

janŋde

izglītība

ansikolopedi

enciklopēdija

duďal jaaƀi haďtirde

universitāte

mikoroskop

mikroskops

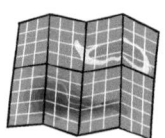

kartal

karte

suwo kurjut

papīrgrozs

ɗannagol
ceļojums

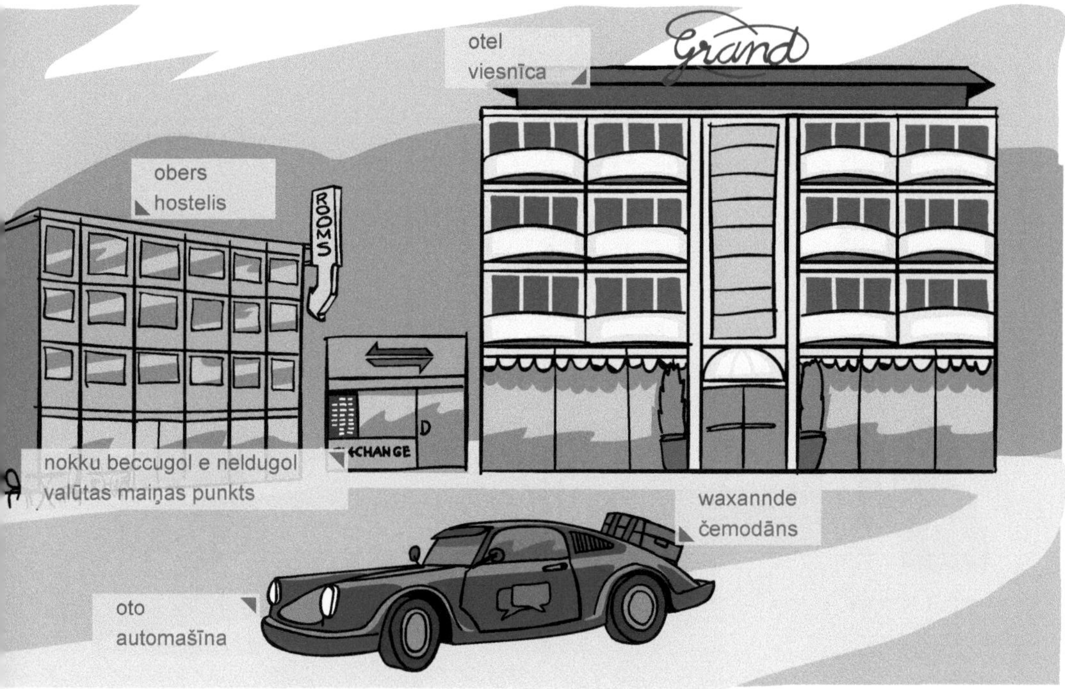

otel
viesnīca
Grand
obers
hostelis
ROOMS
EXCHANGE
nokku beccugol e neldugol
valūtas maiņas punkts
waxannde
čemodāns
oto
automašīna

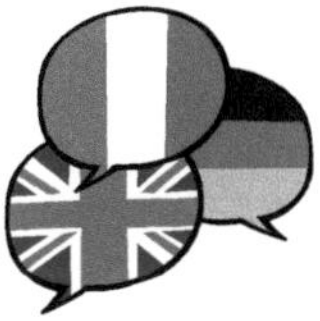

ɗemngal

Valoda

Eey / ala

jā / nē

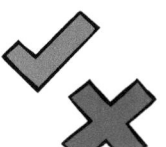

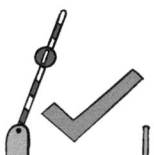

Moƴƴi

Okay

mbaɗɗa

Sveiki!

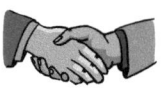

pirtoowo

tulks

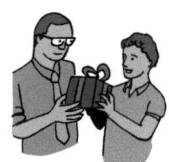

A jaraama

paldies

no foti...?

Cik maksā...?

Mi faamaani

Es nesaprotu

hanmi

problēma

Jam hiri!

Labvakar!

Jam waali!

Labrīt!

Mbaalen e jam!

Ar labu nakti!

ñande woďnde

Uz redzēšanos

laawol

virziens

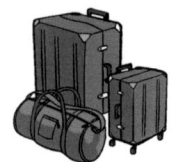

bagaas

bagāža

saawdu

soma

saawdu wambateendu

mugursoma

koďo

viesis

suudu

istaba

njegenaaw

guļammaiss

caalel ladde

telts

kabaruuji tuurist

tūrisma informācija

tufnde

pludmale

kartal banke

kredītkarte

kacitaari

brokastis

bottaari

pusdienas

hiraande

vakariņas

biye

biļete

suutde

lifts

tampon

pastmarka

keerol

robeža

duwaan

muita

ambasad

vēstniecība

wiisa

vīza

paaspoor

pase

taraspoor
transports

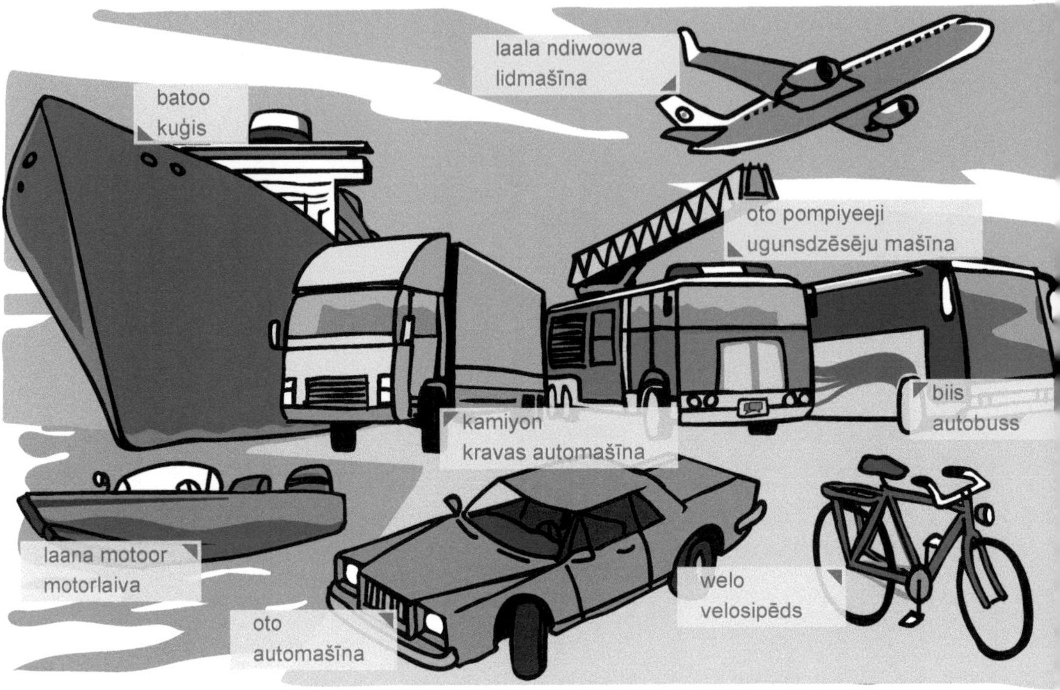

laala ndiwoowa
lidmašīna
batoo
kuģis
oto pompiyeeji
ugunsdzēsēju mašīna
biis
autobuss
kamiyon
kravas automašīna
laana motoor
motorlaiva
welo
velosipēds
oto
automašīna

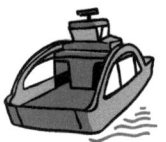

batoo

prāmis

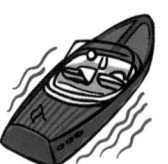

laana

laiva

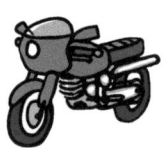

welo

motocikls

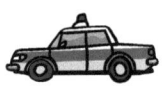

oto polis

policijas automašīna

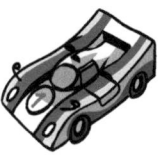

oto dogirteeɗo

sacīkšu automobilis

oto luwateeɗo

nomas auto

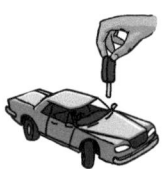

dendugol oto

auto koplietošana

oto dandoowo goɗɗo

evakuators

oto kurjut

atkritumu mašīna

motoor

dzinējs

karbiran

benzīns

nokku esaans

degvielas uzpildes stacija

tintinooje yaangarta

ceļa zīme

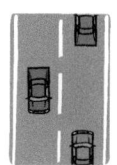

yaa ngarta

satiksme

jiiɓo yaa ngarta

sastrēgums

dingiral otooji

stāvvieta

dingiral laana leydi

dzelzceļa stacija

laaɓi

sliedes

laana leydi

vilciens

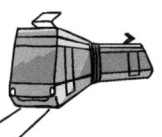

laana ndegoowa

tramvajs

saret

vagons

elikopteer

helikopters

ayrepoor

lidosta

tuur

tornis

wonɓe e laana

pasažieris

konteneer

konteiners

karton

kaste

duñirgel kaake

ratiņi

basket

grozs

diwde / juuraade

pacelties / nosēsties

wuro mowngu

pilsēta

wuro

ciems

hakkunde wuru wowngo

pilsētas centrs

galle

māja

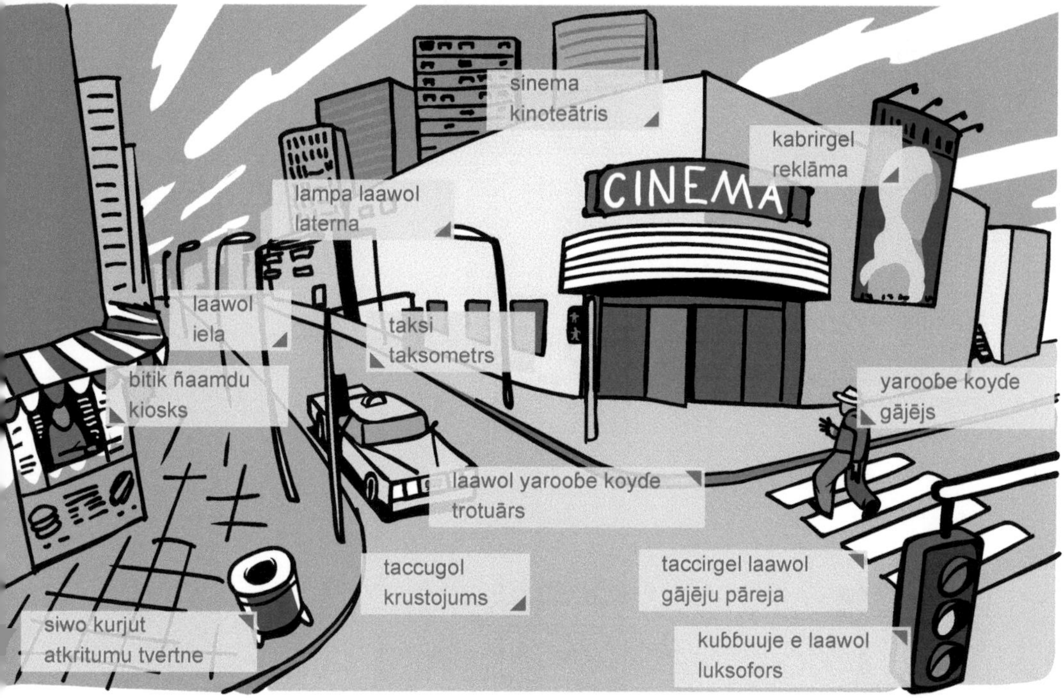

sinema
kinoteātris

kabrirgel
reklāma

lampa laawol
laterna

laawol
iela

taksi
taksometrs

yarooɓe koyɗe
gājējs

bitik ñaamdu
kiosks

laawol yarooɓe koyɗe
trotuārs

taccugol
krustojums

taccirgel laawol
gājēju pāreja

siwo kurjut
atkritumu tvertne

kubɓuuje e laawol
luksofors

tiba
....
būda

ko foti
....
dzīvoklis

dingiral laana leydi
....
dzelzceļa stacija

meeri
....
rātsnams

miise
....
muzejs

duɗal
....
skola

duɗal jaaɓi haɗtirde

universitāte

banke

banka

suudu safirdu

slimnīca

otel

viesnīca

farmasi

aptieka

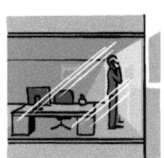

gollirgal

birojs

suudu defte

grāmatnīca

bitik

veikals

jeyoowo fuloraaji

ziedu veikals

sipermarse

lielveikals

jeere

tirgus

madase mawɗo

tirdzniecības centrs

jeyoowo liɗɗi

zivju tirgotājs

nokku coodateeɗo

tirdzniecības centrs

poor

osta

park

parks

jooɗorgal

sols

taccirgal

tilts

ŋabbirɗe

kāpnes

laawol metero

metro

laawul les leydi

tunelis

fongo biis

autobusa pieturvieta

baar

bārs

restora

restorāns

buwaat postaal

pastkastīte

lewñowel laawol

ielas nosaukuma plāksne

to otooji ndaroto

stāvlaika skaitītājs

nokku kullon

zooloģiskais dārzs

pisin

peldbaseins

jama

mošeja

ngesa

zemnieku saimniecība

gakkingol hendu

vides piesārņojums

bammule

kapsēta

egiliis

baznīca

dingiral

spēļu laukums

tampl

templis

yiyande taariinde
ainava

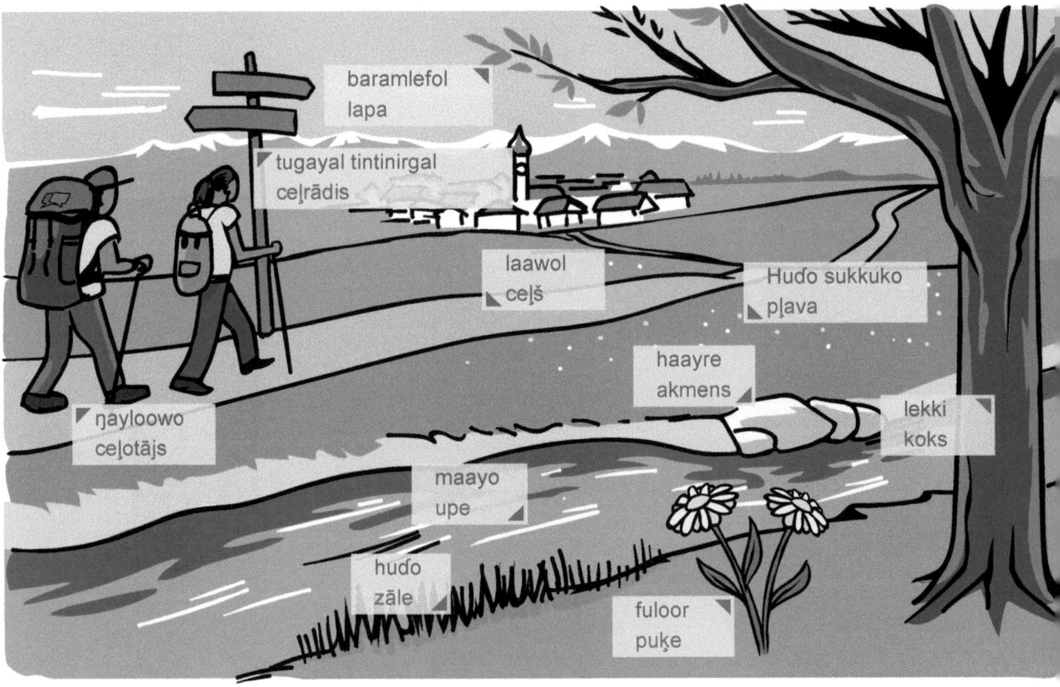

baramlefol
lapa

tugayal tintinirgal
ceļrādis

laawol
ceļš

Huɗo sukkuko
pļava

haayre
akmens

lekki
koks

ŋayloowo
ceļotājs

maayo
upe

huɗo
zāle

fuloor
puķe

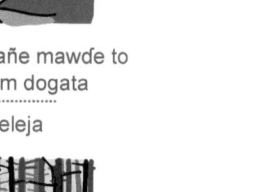

nokku kaaňe mawɗe to
ndiyam dogata
ieleja

waande
kalns

weedu
ezers

ladde
mežs

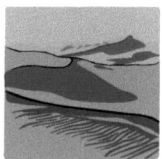

ladde yoornde
tuksnesis

wolkan
vulkāns

satoo
pils

timtimol
varavīksne

sampiñon
sēne

leki palm
palma

ɓowngu
moskīts

diwde
muša

njabala
skudra

mbuubu ñaak
bite

njabala
zirneklis

hoowoyre keppoore

vabole

faabru

varde

doomburu ladde

vāvere

sammunde

ezis

fowru

zaķis

pubbuɓal

pūce

colel

putns

kakeleewal ladde

gulbis

mbabba tugal

meža cūka

lella

briedis

Nagge nde galladi cate

alnis

baraas

aizsprosts

masiŋel battowel hendu jeyŋge

vēja ģenerators

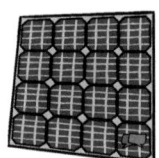

Lowowel nguleeki

saules baterija

kilima

klimats

restora
restorāns

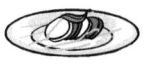

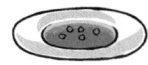

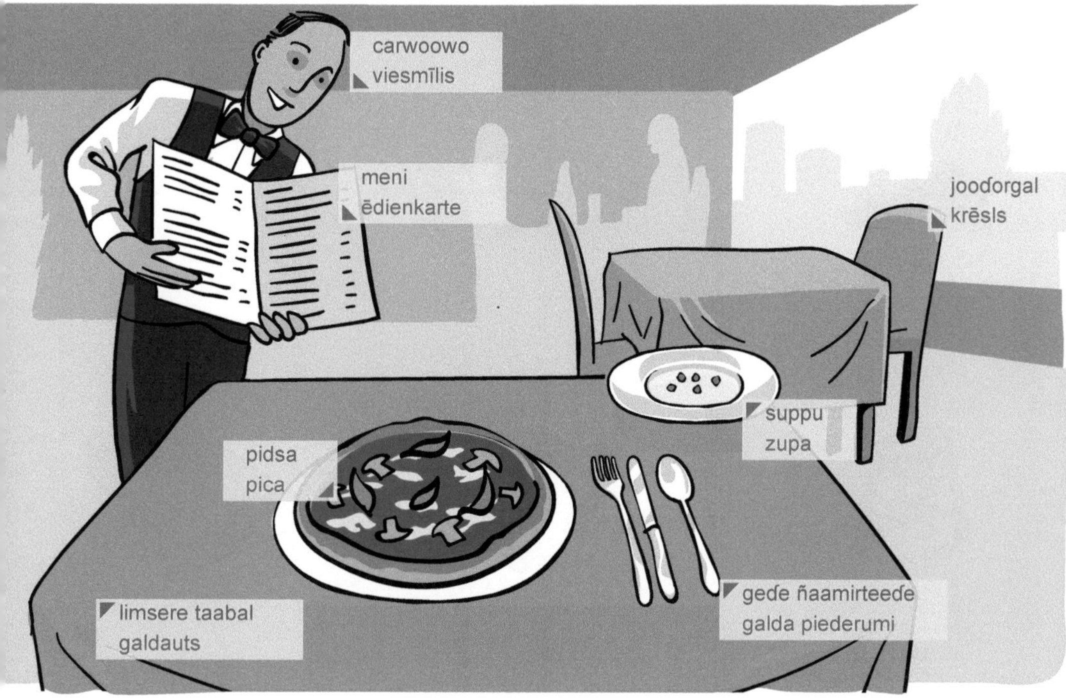
carwoowo
viesmīlis
meni
ēdienkarte
jooɗorgal
krēsls
suppu
zupa
pidsa
pica
limsere taabal
galdauts
geɗe ñaamirteeɗe
galda piederumi

tongitirgel

uzkoda

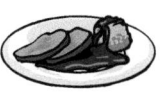

ñaamdu nguraandi

pamatēdiens

tuftorogol

deserts

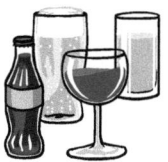

njaram

dzērieni

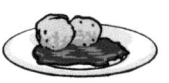

ñaamdu

ēdiens

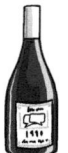

butel

pudele

fast fud

ātrās uzkodas

ñaamdu laawol

ielu uzkodas

baraade

tējkanna

cupayel suukara

cukurtrauks

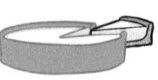

geđel

porcija

Masinŋ kafe

espresso kafijas automāts

joođorgal toowngal

bāra krēsls

biye

rēķins

ñorgo

paplāte

paaka

nazis

furset

dakša

kuddu

karote

nokkere kuddu

tējkarote

sarbet

salvete

weer

glāze

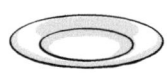

palaat

šķīvis

palaat suppu

zupas šķīvis

cupayel

apakštase

soos

mērce

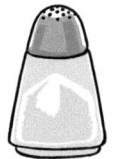

pot lamđam

sāls trauciņš

moññirgal poobar

piparu dzirnaviņas

bineegara

etiķis

nebam

eļļa

kaađnooje

garšvielas

ketsap

kečups

muttard

sinepes

mayonees

majonēze

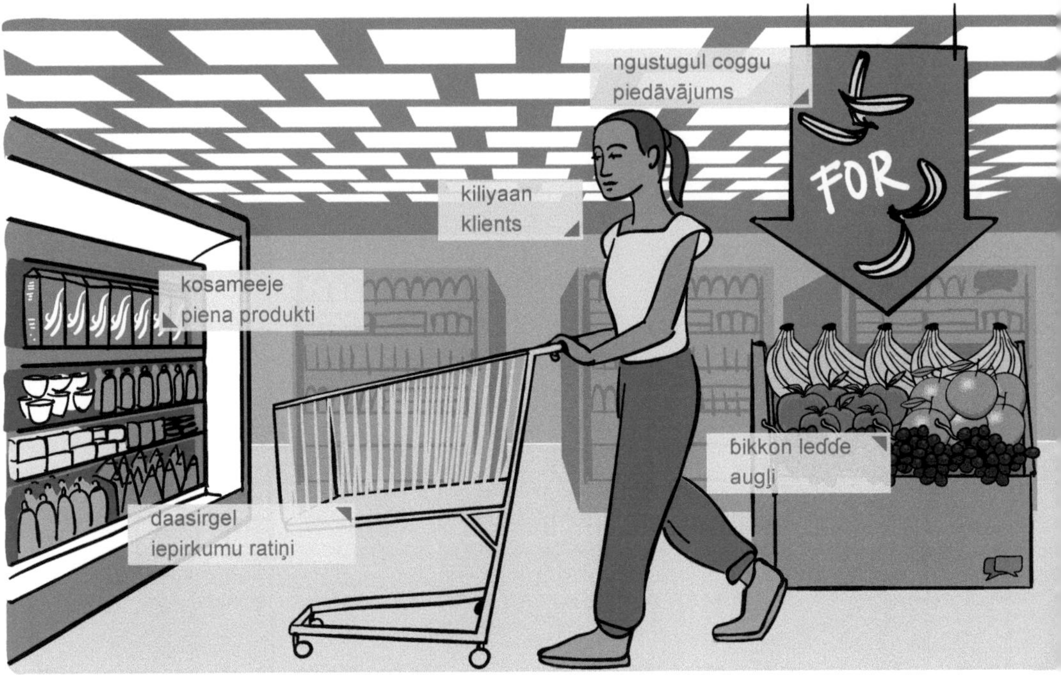

ngustugul coggu
piedāvājums
FOR
kiliyaan
klients
kosameeje
piena produkti
ɓikkon leɗɗe
augļi
daasirgel
iepirkumu ratiņi

BUTCHERS

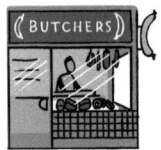

jeyoowo teew nagge

kautuve

BAKERY

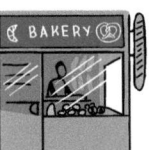

juɗoowo mburu

maizes veikals

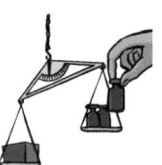

ɓetde

svērt

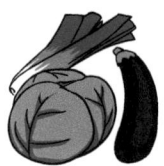

lijim

dārzeņi

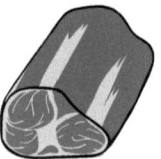

teew

gaļa

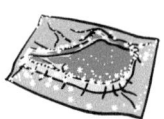

ñaamdu ɓumnaandu

saldēti produkti

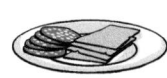

teew moftaaɗo

aukstās gaļas uzkodas

ñaamdu nder buwat

konservi

condi lawyĩrteendu

pulveris

bonboonji

saldumi

geɗe ngurdaaɗe

mājsaimniecības preces

porodiwiiji laaɓnirni

tīrīšanas līdzeklis

julaaajo

pārdevēja

haa

kase

kestotooɗo

kasieris

limto coodateeɗi

iepirkumu saraksts

waktuuji golle

darba laiks

kalbe

maks

kartal banke

kredītkarte

saak

soma

saak dalli

maisiņš

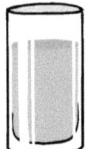

ndiyam

ūdens

njaram

sula

kosam

piens

yũlmere

kola

sangara

vīns

sangara

alus

sangara

alkohols

kakao

kakao

ataaya

tēja

kafe

kafija

kafe jon jooni

espresso

kafe italinaaɓe

kapučīno

banaana

banāns

pom

ābols

oraas

apelsīns

dende

melone

limonŋ

citrons

karot

burkāns

laay

ķiploks

lekki bambu

bambuss

basalle

sīpols

sampiñon

sēne

gerte

rieksti

espageti

makaroni

espageti

spageti

maaro

rīsi

salaat

salāti

firit

frī kartupeļi

faatat cahaaɗo

cepti kartupeļi

pidsa

pica

amburgeer

hamburgers

sandiwis

sviestmaize

buhal baddangal e lijim

šnicele

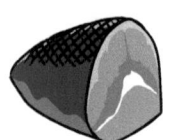

buhal teew

šķiņķis

kaane biyeteeɗo sosison

salami

sosis

desa

gertogal

vista

defaɗum

cepetis

liingu

zivs

ndefu gabbe kuwakeer

auzu pārslas

njilɓundi aɓuwaan e gabbe goɗɗe

muslis

kornfelek

brokastu pārslas

farin

milti

kurwasa

radziŋš

pe o le

brokastu maizītes

mburu

maize

mburu juɗaaɗo

tostermaize

mbiskit

cepumi

nebam boor

sviests

kosam kaaɗɗam

biezpiens

gato

kūka

ɓoccoonde

ola

moccoonde fasnaande

cepta ola

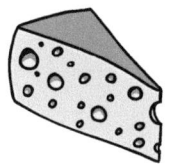

foromaas

siers

kerem galaas

saldējums

suukara

cukurs

njuumri

medus

teew nagge

marmelāde

nirkugol sokkola

riekstu krēms

suppu kaane

karijs

ngesa
zemnieku saimniecība

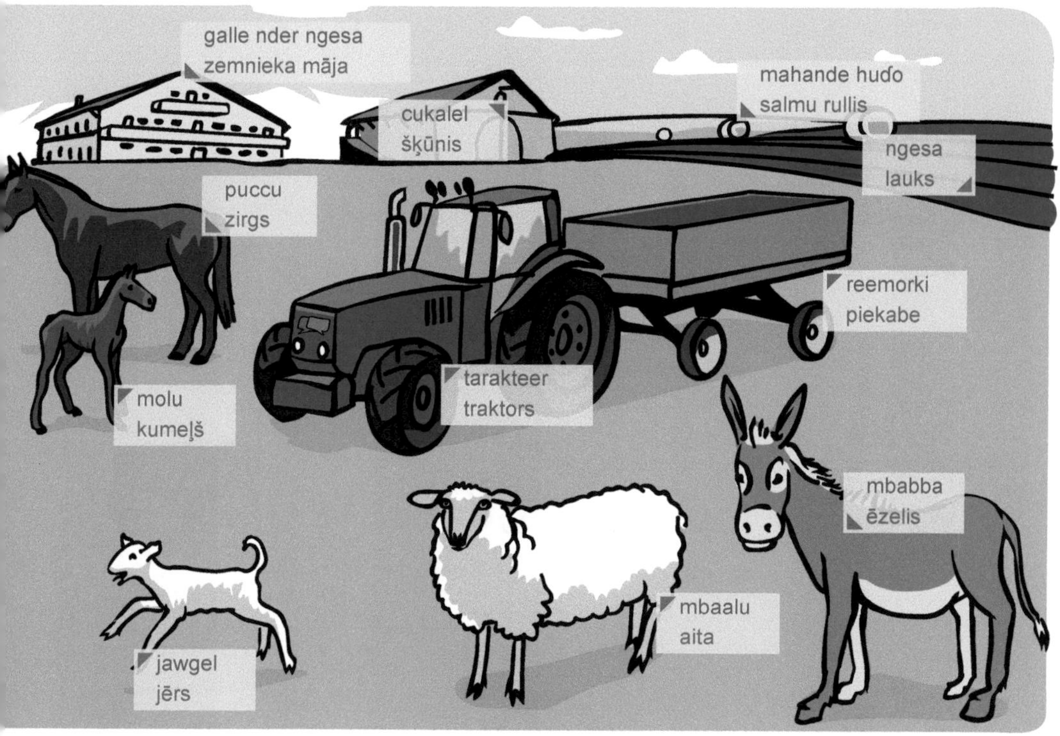
galle nder ngesa
zemnieka māja
cukalel
šķūnis
mahande huɗo
salmu rullis
ngesa
lauks
puccu
zirgs
reemorki
piekabe
molu
kumeļš
tarakteer
traktors
mbabba
ēzelis
mbaalu
aita
jawgel
jērs

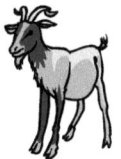

ndamdi

kaza

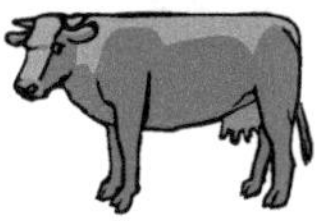

nagge

govs

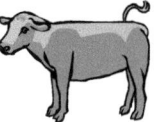

mbeewa

teļš

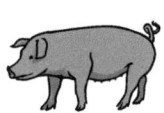

mbabba tugal

cūka

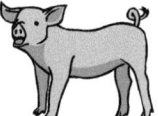

ɓingel mbabba tugal

sivēns

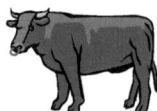

ngaari ladde

bullis

jarlal ladde

zoss

gerlal

pīle

cofel

cālis

jarlal

vista

ngori

gailis

doomburu

žurka

ullundu

kaķis

doomburu

pele

nagge

vērsis

rawaandu

suns

nokku dawaadî

suņa būda

tiwo sardin

dārza šļūtene

doosirgal

lejkanna

wofdu mawndu

izkapts

masinŋ demoowo

arkls

wofdu

sirpis

coppirgal

kaplis

rato

mēslu dakša

hakkunde

cirvis

buruwet

ķerra

mbalka

sile

kosam buwat

piena kanna

saak

maiss

kalasal galle

žogs

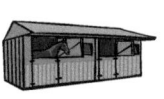

nokku pucci

kūts

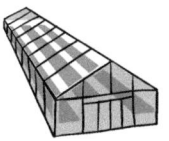

inexistant

siltumnīca

leydi

augsne

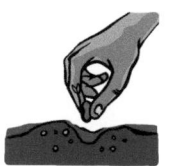

abbere

sēklas

nguurtinooje leydi

mēslojums

masinŋ coñirteeɗo

kombains

soňde

novākt ražu

soňde

raža

ñambi

jamss

bele

kvieši

soja

soja

faatat

kartupelis

maka

kukurūza

abbere lekki kolsa

rapsis

lekki firwiiji

augļu koks

ñambi

manioka

sereyaal

labība

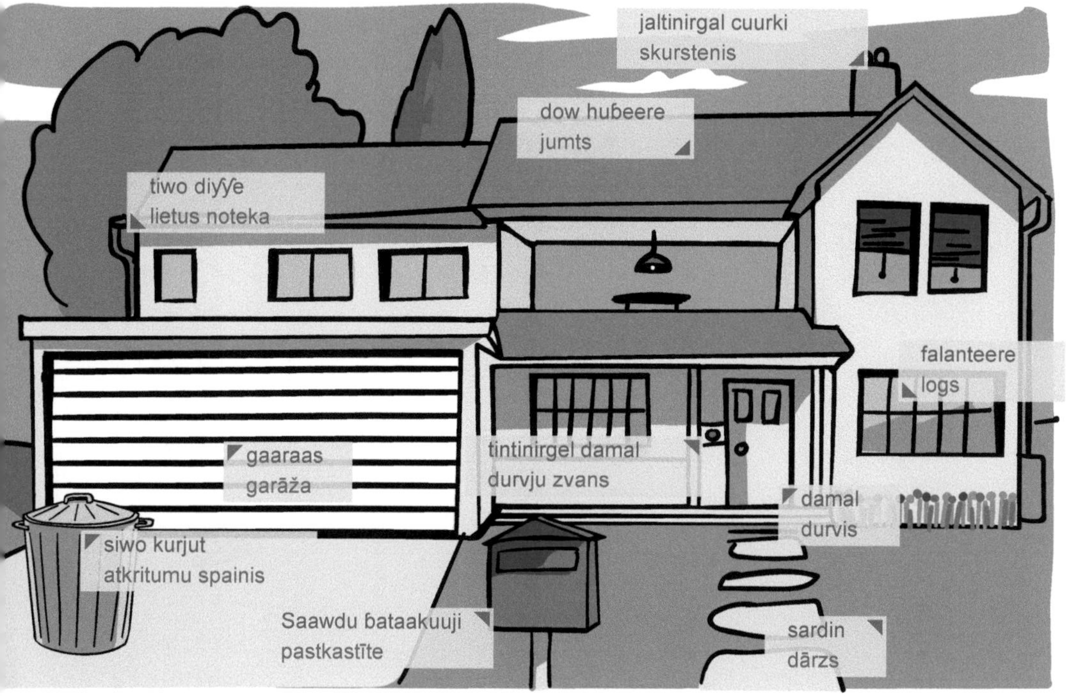

jaltinirgal cuurki
skurstenis

dow huɓeere
jumts

tiwo diyỹe
lietus noteka

falanteere
logs

gaaraas
garāža

tintinirgel damal
durvju zvans

damal
durvis

siwo kurjut
atkritumu spainis

Saawdu ɓataakuuji
pastkastīte

sardin
dārzs

suudu yeewtere

viesistaba

tarodde

vannas istaba

waañ

virtuve

suudu waalduru

guļamistaba

suudu sakaaɓe

bērnu istaba

suudu hiraande

ēdamistaba

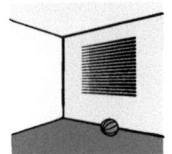

karawal
grīda

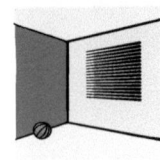

ɓalal
siena

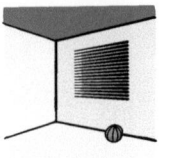

asamaan suudu
griesti

faawru
pagrabs

soona e ɗemngal farase
sauna

balko
balkons

teeraas
terase

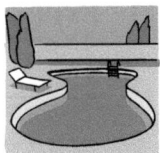

pisin
baseins

keefoowo huɗo
zāles pļāvējs

darap
gultas veļa

darap
sega

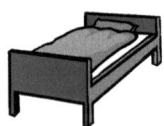

leeso
gulta

pittirgal
slota

suwo
spainis

ñifirgel
slēdzis

32   galle - māja

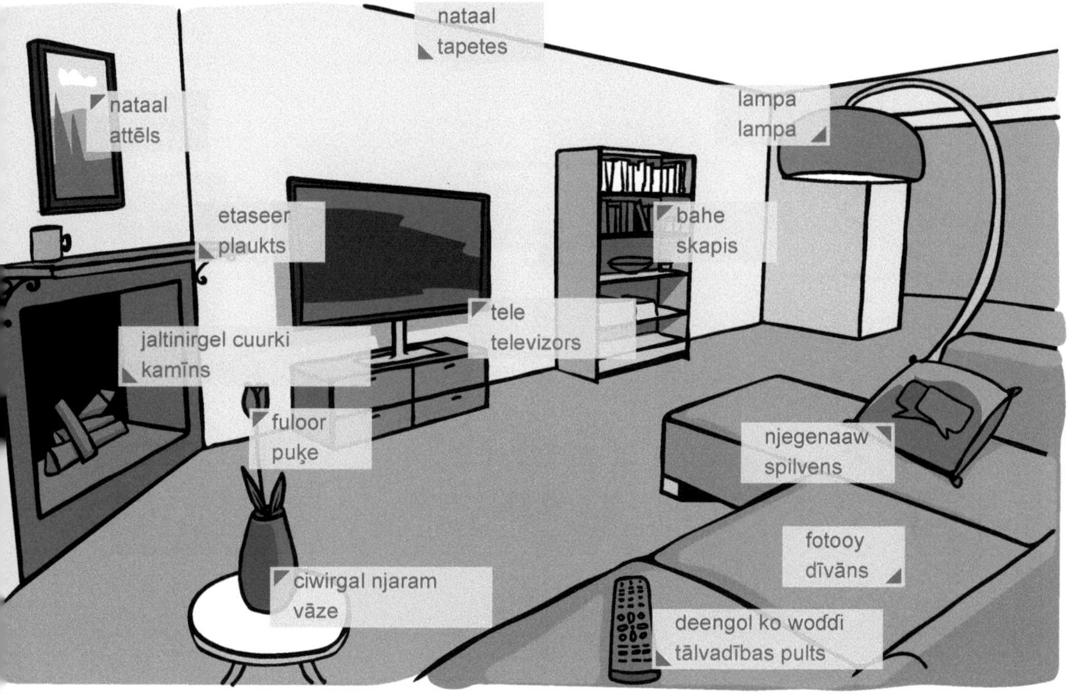

nataal
tapetes

nataal
attēls

lampa
lampa

etaseer
plaukts

bahe
skapis

jaltinirgel cuurki
kamīns

tele
televizors

fuloor
puķe

njegenaaw
spilvens

fotooy
dīvāns

ciwirgal njaram
vāze

deengol ko woďďi
tālvadības pults

tappi

paklājs

rido

aizkars

taabal

galds

jooďorgal

krēsls

jooďorgal timmungal

šūpuļkrēsls

jooďorgal tuggateengal

atpūtas krēsls

deftere

grāmata

cuddirgal

sega

joođnugol

dekorācija

leđđe kubbateeđe

malka

filmo

filma

materiyel hi-fi

mūzikas centrs

coktirgal

atslēga

kaayit kabaruuji

avīze

pentirgol

glezna

posteer

plakāts

rajo

radio

teskorgel

pierakstu blociņš

bođowel pusiyeer

putekļu sūcējs

kaktis

kaktuss

sondel

svece

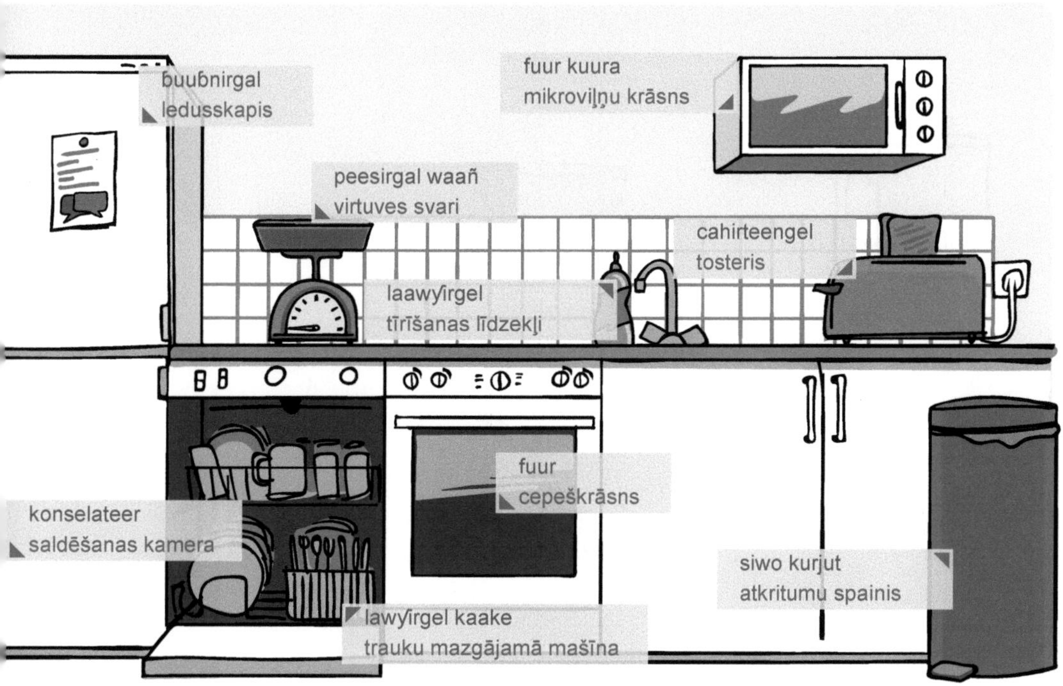

buuðnirgal
ledusskapis

fuur kuura
mikroviļņu krāsns

peesirgal waañ
virtuves svari

laawyîrgel
tīrīšanas līdzekļi

cahirteengel
tosteris

konselateer
saldēšanas kamera

fuur
cepeškrāsns

siwo kurjut
atkritumu spainis

lawyîrgel kaake
trauku mazgājamā mašīna

fuurno
plīts

pot
pods

barme
katls

kasorol
Wok panna

kasorol
panna

satalla
elektriskā tējkanna

suppere defirteende

tvaika katls

pool defirteeđo

cepešpanna

lawyûgol kaake

trauki

pot jarduđo

krūze

suppeere

bļoda

ñiɓirgon ñaamdu

irbulīši

kuddu luus

kauss

kayit đakirteeđo

lāpstiņa

iirtude

putošanas slotiņa

ceđirgel

sietiņš

tame

siets

keefirgel

rīve

moññirgal

piesta

juđgol

grilēt

jeyngol e henndu

atklāts pavards

coppirgal

dēlis

degnirgel ñaamdu
feewnateendu
mīklas rullis

udditirgel butel

korķu viļķis

buwaat

bundža

udditirgel buwat

konservu nazis

nangirgel pot

virtuves cimdi

siimtude

izlietne

boros

birste

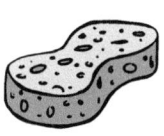

eppoos

sūklis

jiiɓirgel

mikseris

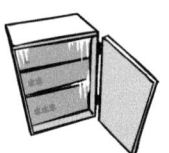

battowel galaas

saldētava

jardugel tiggu

bērna pudelīte

robine

ūdenskrāns

tarodde

vannas istaba

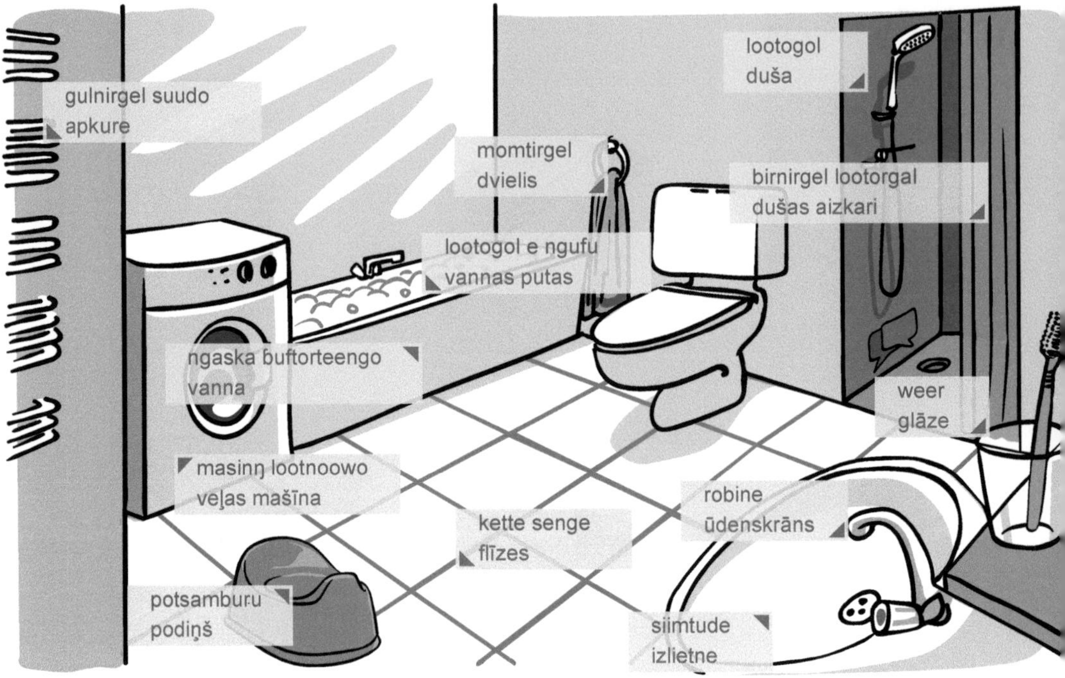

gulnirgel suudo
apkure
momtirgel
dvielis
lootogol
duša
birnirgel lootorgal
dušas aizkari
lootogol e ngufu
vannas putas
ngaska buftorteengo
vanna
weer
glāze
masinŋ lootnoowo
veļas mašīna
robine
ūdenskrāns
kette senge
flīzes
potsamburu
podiņš
siimtude
izlietne

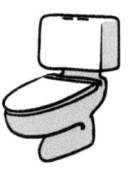

taarorde
tualetes pods

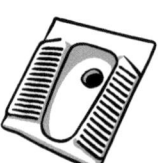

joɗorgal kuwirteengal
Āzijas tipa tualete

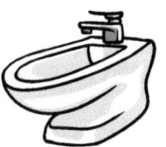

biisirgel ndiyam
bidē

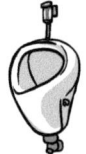

taarodde
pisuārs

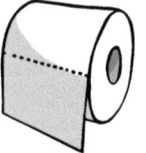

kaayit momtirɗo
tualetes papīs

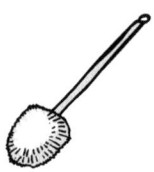

boros taarorde
tualetes birste

coccorgal ƴiiye

zobu birste

sabunde ƴiiye

zobu pasta

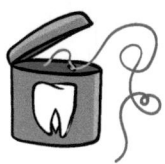

gaarowol ñiire

zobu diegs

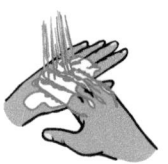

lawƴude

mazgāt

ɓoggol lootirteengol

rokas duša

ɓuftogol

duša

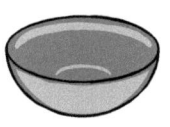

loowirteengel

bḷoda

demirgel huɗo

muguras mazgāšanas birste

sabunnde

ziepes

saabunde ɓuftorteende

dušas želeja

sampoye

šampūns

limsere wiro

mazgāšanas drāna

ciiygol

noteka

kerem

krēms

uurnirgel

dezodorants

daandorgal

spogulis

daandorgal pamoral

spogulītis

pembirgel

skuveklis

ngufu pembol

skūšanās putas

moomiteengel pembol

losjons pēc skūšanās

yeesoode

ķemme

boros

matu suka

joornirgel sukunndu

matu fēns

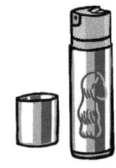

peewnirgel sukunndu

matu laka

makiyaas

grima komplekts

joođirgel toni

lūpu krāsa

momtirgel cegeneeji

nagulaka

garowol wiro

vate

siso cegeneeji

šķērītis

parfon

smaržas

waxande lootorgal

kosmētikas maks

kuudi

ķeblītis

peesirgal

svari

wutte cuftorteeđo

halāts

gaŋuuji dalli

tīrīšanas cimdi

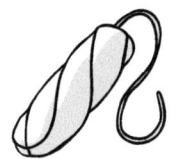

momtirer ɣiiɣam ella

tampons

kuus tiggu

pakete

lootogol simik

ķīmiskā tualete

suudu sakaaɓe

bērnu istaba

pindinirgel
modinātājs
kullel fijirde
mīkstā rotaļlieta
oto pijirgel
spēļu automašīna
dillere
grabulis
galle pijirgel
leļļu māja
hannde
dāvana

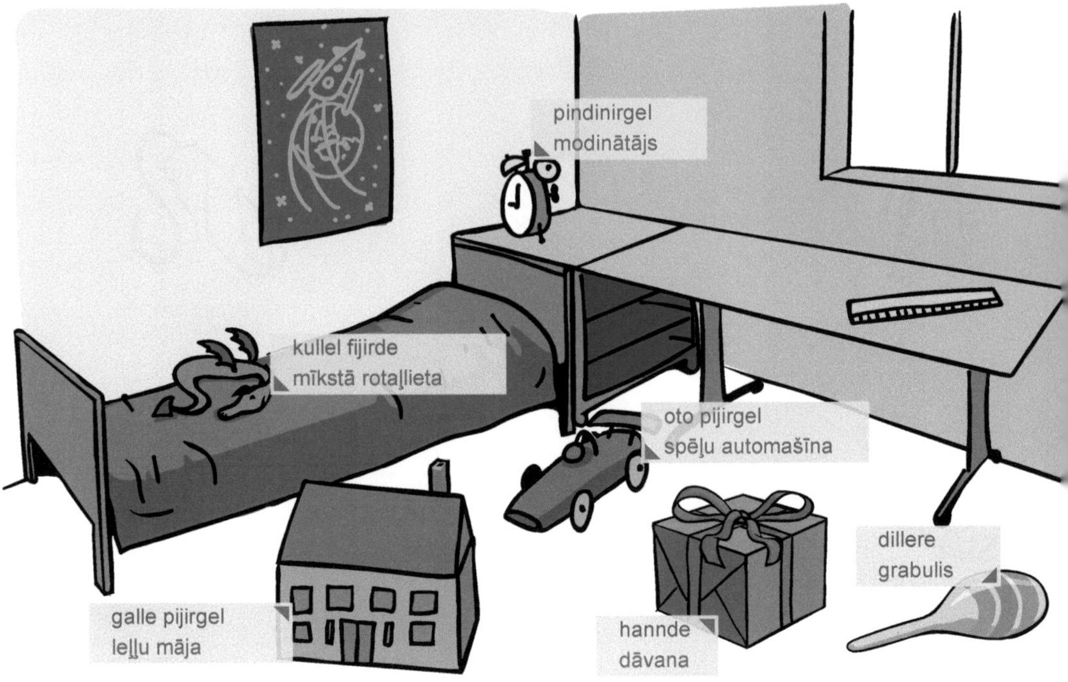

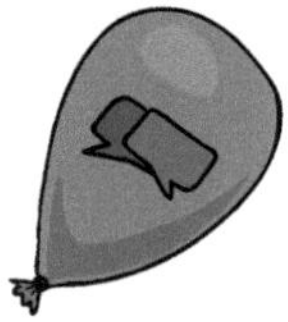

sumalle dalli

balons

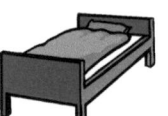

leeso

gulta

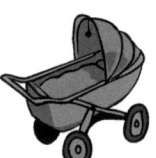

duñirgel tiggu

bērnu ratiņi

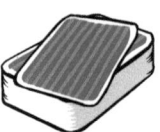

nokkere karte

kārtis

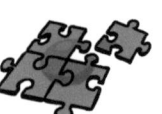

fijirde lombondirgol

puzle

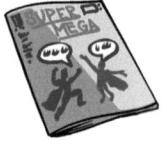

njalniika

komikss

pijirgel tuufeeje

LEGO klucīši

tuufeeje

klucīši

pijirgel

varoņu figūra

comcol tiggu

rāpulītis

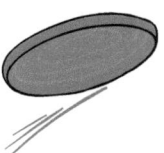

palaat diwwoow

lidojošais šķīvītis

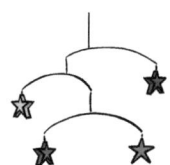

noddirgel

muzikālais karuselis

pijirgel

galda spēle

dee

metamais kauliņš

ñemtinirgel laana ndegoowa

rotaļu dzelzceļš

neđđo fuuunti

māneklis

fijirde

ballīte

deftere nate

bilžu grāmata

bal

bumba

puppe

lelle

fijde

spēlēt

mbalka ceenal

smilšu kaste

beeltirgal

šūpoles

pijirgel

rotaļlietas

pijiteengel see widewo

spēļu konsole

welo biifi tati

trīsritenis

pijirgel kullel urs

plīša lācītis

armuwaar

drēbju skapis

comcol

apģērbs

kawase

īszeķes

kawase

zeķes

tuubayon ƀittukon

zeķbikses

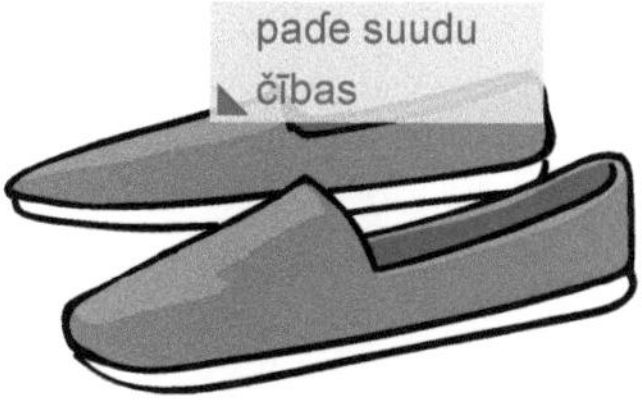

musuuro
šalle

dadorde
siksna

paraseewal
lietussargs

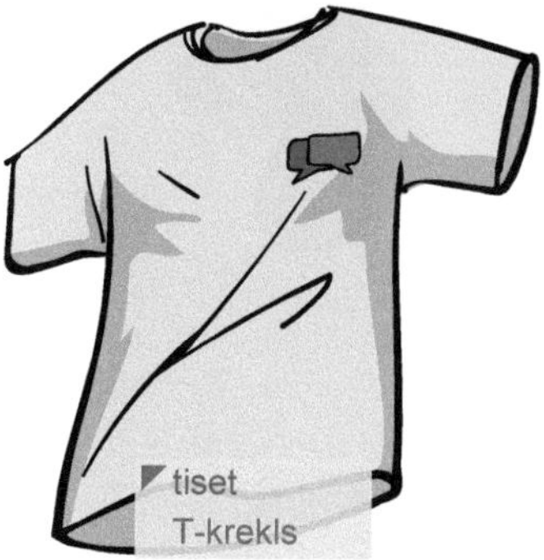

tiset
T-krekls

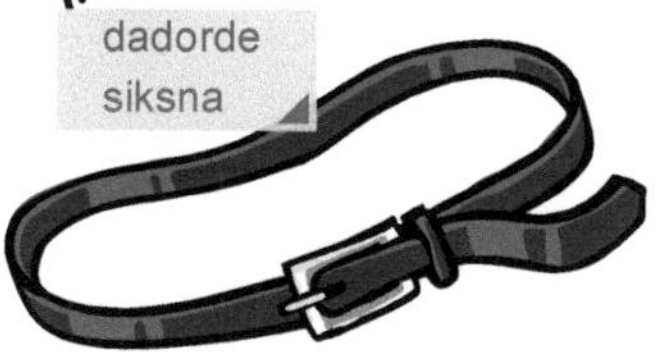

pađe toowđe
zābaks

pađe suudu
čības

pađe bokkateeđe
botas

pađe diwa
....
sandales

pađe
....
kurpes

pađđe toowđe lirotoođe
....
gumijas zābaki

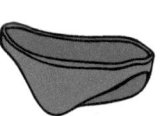

cakkirđi
....
apakšbikses

sucengors
....
krūšturis

silet
....
apakškrekls

ɓanndu

bodijs

tuuba

bikses

jiin

džinsi

robbo

svārki

buluson

blūze

simis

krekls

piliweer

pulovers

weste nebbu

džemperis

layset

žakete

jaget

jaka

weste juuɗɗo

mētelis

wutte toɓo

lietus mētelis

kostim

kostīms

robbo

kleita

robbo yange

kāzu kleita

weste

uzvalks

wutte baalduɗo

naktskrekls

pijama

pidžama

sari

sari

muusooro

lakats

kaala

turbāns

kaala

burka

sabndoor

kaftāns

abbaay

abaja

comcol lumbirogol

peldkostīms

cakkirɗi

peldbikses

kilot

šorti

joogin

treniŋtērps

limsere deffowo

priekšauts

gaŋuuji

cimdi

ɓoɗɗirgel

poga

lone

brilles

jawo

rokassprādze

cakka

kaklarota

feggere

gredzens

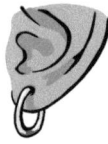

hootonde

auskars

laafa

cepure

liggirgal weste

drēbju pakaramais

laafa

platmale

karawat

kaklasaite

zip

rāvējslēdzējs

laafa ndeenka

ķivere

ganŋ

bikšturi

comcol duɗal

skolas forma

iniform

uniforma

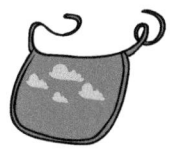

sarbetel daande

priekšautiņš

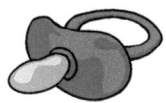

neɗɗo fuuunti

māneklis

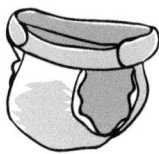

kuus

autiņbiksītes

gollirgal
birojs

serveer
serveris
baxane doodiyeeji
dokumentu skapis
jaltinirgel kaayit
printeris
kaayit
papīrs
ekaran
monitors
suuri
pele
biro
rakstāmgalds
caawiirgel doosiyeeji
dokumentu vāki
tappirde
klaviatūra
suwo kurjut
papīrgrozs
ordinateer
dators
jooɗorgal
krēsls

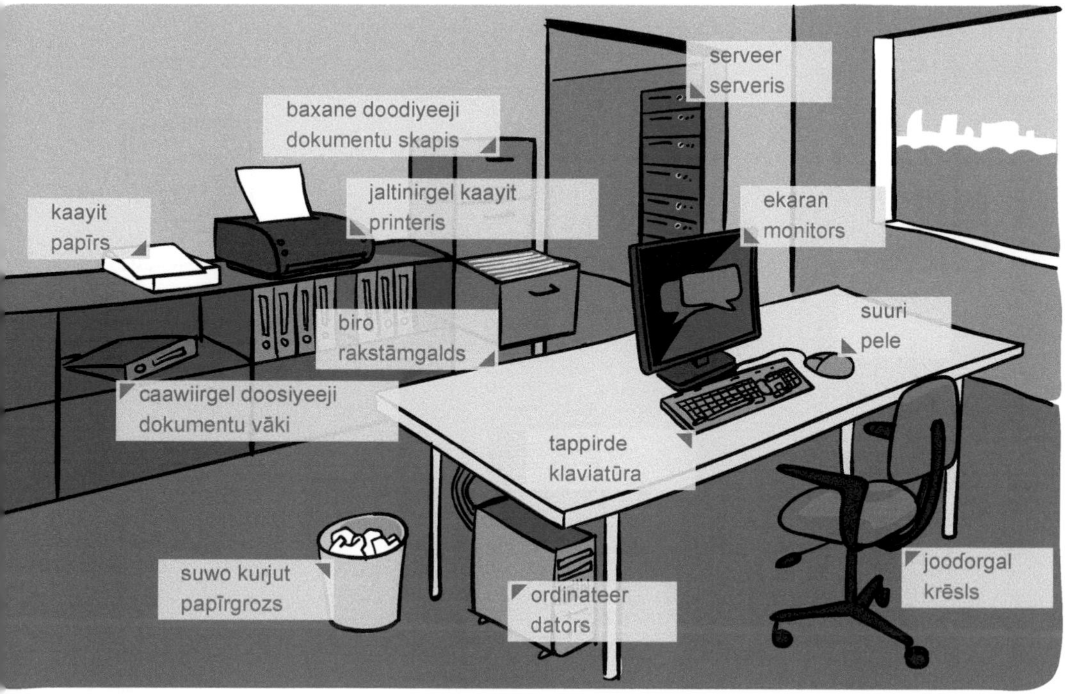

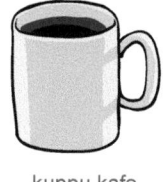

kuppu kafe

kafijas krūze

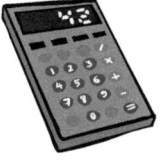

qiimorgal

kalkulators

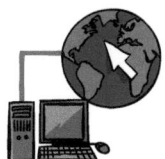

enternet

internets

ordinateer beelnateeɗo

portatīvais dators

ɓataake

vēstule

ɓataake

ziņa

noddirgel

mobilais tālrunis

reso

tīkls

cottitirgel

kopētājs

losisiyel

programmatūra

noddirgel

telefons

ceŋirgel ɓoggol kuura

rozete

masinŋ faks

faksa aparāts

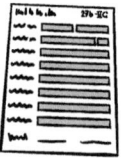

mbaadi

formulārs

dokiman

dokuments

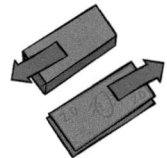

soodde

pirkt

soodde

samaksāt

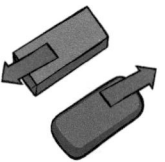

yeyde

tirgot

kaalis

nauda

dolaar

dolārs

eroo

eiro

yen

jēna

 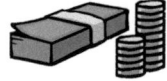

ruubal

rublis

 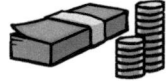

faran Siwis

franks

yuwaan renminbi

juaŋa renminbi

rupii

rūpija

masinŋ keestorɗo kaalis

bankomāts

nokku beccugol e neldugol

valūtas maiņas punkts

kanŋe

zelts

kaalis

sudrabs

esaans

nafta

sembe

enerģija

coggu

cena

kontara

līgums

taks

nodoklis

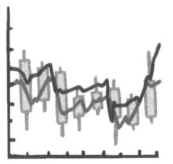

marsandiss moftaaɗo

akcija

gollude

strādāt

gollinteeɗo

darbinieks

gollinoowo

darba devējs

isin

fabrika

bitik

veikals

dadiiɗo
policists

ñifooɓe jeyle
ugunsdzēsējs

defoowo
pavārs

cafroowo
ārsts

pilot
pilots

toppitiiɗo sardin

dārznieks

minise

galdnieks

ñootoowo

šuvēja

ñaawoowo

tiesnesis

simist e ɗemngal farayse

ķīmiķis

aktoor

aktieris

dognoowo biis

autobusa vadītājs

dognoowo taksi

taksometra vadītājs

gawoowo

zvejnieks

pittoowo

apkopēja

cengirđe huɓeere

jumiķis

carwoowo

viesmīlis

daddoowo

mednieks

pentiroowo

gleznotājs

piyoowo mburu

maiznieks

gollowo kuura

elektriķis

mahoowo

celtnieks

enseñeer

inženieris

jeyoowo teew keso

miesnieks

polombiyer

skārdnieks

nawoowo ɓatakuuji

pastnieks

kooninke

karavīrs

diidoowo ɓahanteeri

arhitekts

kestotooɗo

kasieris

jeyoowo fuloraaji

florists

mooroowo

frizieris

dognoowo

konduktors

mekanisiyenŋ

mehāniķis

kapiteen

kapteinis

cafroowo ƴiiƴe

zobārsts

miijotooɗo

zinātnieks

kellifaaɗo diine to israayel

rabīns

imaam

imāms

muwaan e e ɗemngal
farayse
mūks

kellifaaɗo diine heerereeɓe

mācītājs

kuutorɗe
instrumenti

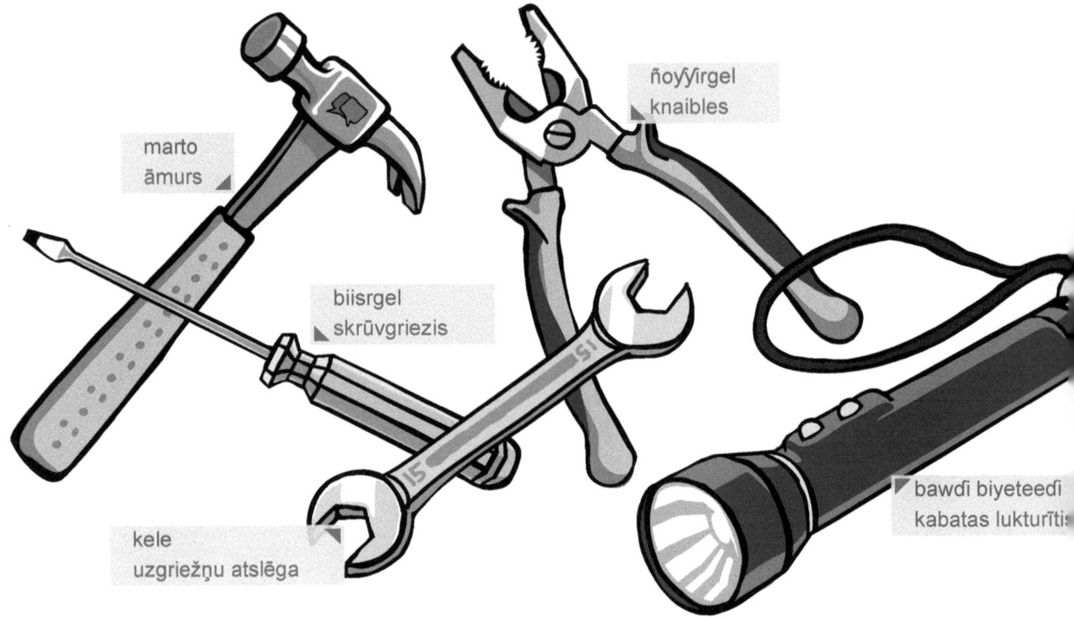

marto
āmurs
ñoyƴirgel
knaibles
biisrgel
skrūvgriezis
kele
uzgriežņu atslēga
bawɗi biyeteeɗi
kabatas lukturīti

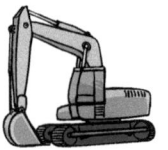

pikku

ekskavators

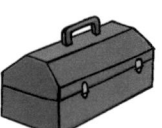

baxanel kaɓorɗe

instrumentu kaste

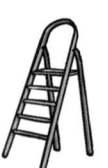

ŋabbirgal

kāpnes

tayƴirgal

zāģis

ƴibirɗe

naglas

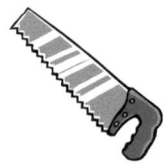

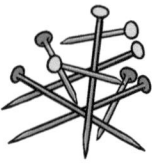

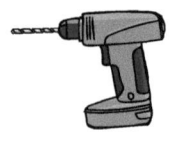

julirgal

urbis

fewnitde
remontēt

nokkirgel
lāpsta

Soo!
Velns!

ɓoftirgel kurjut
liekšķere

pot penttiir
krāsas bundža

wiisuuji
skrūves

kongirgon misik
mūzikas instrumenti

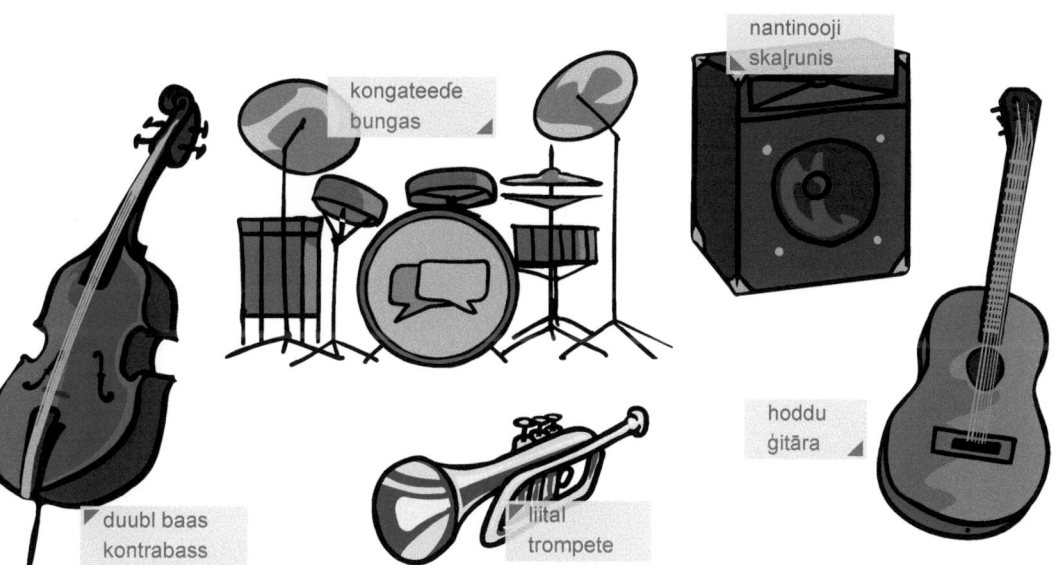

kongateeɗe
bungas

nantinooji
skaļrunis

hoddu
ģitāra

duubl baas
kontrabass

liital
trompete

piayaano

klavieres

wiyolon

vijole

baas

bass

bowɗi biyeteeɗi timpani

timpāni

bawɗi

bungas

tappirgal

digitālās klavieres

saksofoon

saksofons

nguurdu

flauta

mikoro

mikrofons

nokku kullon
zooloģiskais dārzs

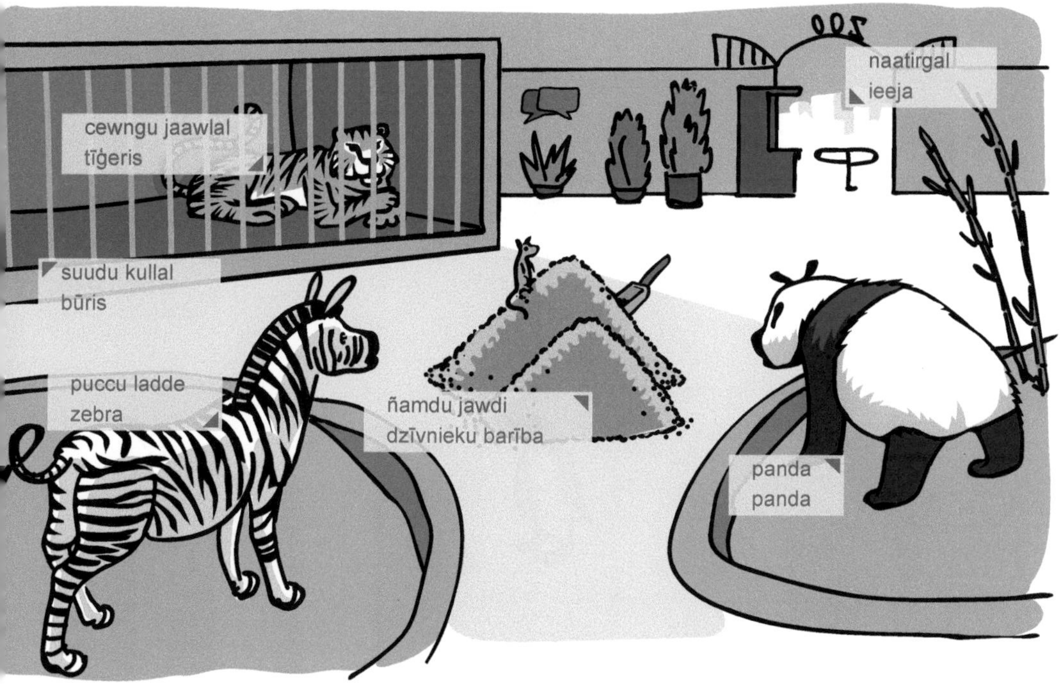
naatirgal
ieeja
cewngu jaawlal
tīģeris
suudu kullal
būris
puccu ladde
zebra
ñamdu jawdi
dzīvnieku barība
panda
panda

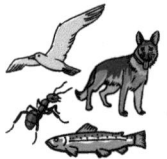

kulle

dzīvnieki

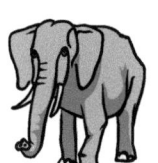

ñiiwa

zilonis

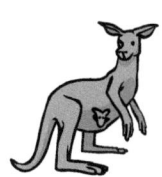

kanguru

ķengurs

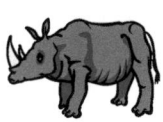

rinoseros

degunradzis

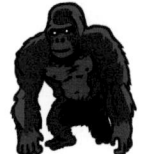

waandu mowndu

gorilla

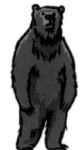

urs

lācis

ngelooba

kamielis

sundu ɓurndu mownude

strauss

mbaroodi

lauva

waandu

pērtiķis

ñaaral pural

flamings

seku

papagailis

urso galaas

polārlācis

liingu wiyeteendu penguwe

pingvīns

lingu reke

haizivs

ndiwri wiyeteendu pawon

pāvs

laadoori

čūska

nooro

krokodils

deenoowo zoo

zoodārza sargs

togoori ndiyam wiyeteendu
fok e farayse

ronis

cewngu

jaguārs

molu

ponijs

cewngu

leopards

ngabu

nīlzirgs

njabala

žirafe

ciilal

ērglis

mbabba tugal

meža cūka

liingu

zivs

heende

bruņurupucis

kullal biyeteengal morse

valzirgs

renaar

lapsa

lella

gazele

Fuggukoyngel Amerknaaɓe
amerikāņu futbols

dognugol welo
riteņbraukšana

tenis
teniss

beysbol
basketbols

lumbagol
peldēšana

boks
bokss

fuggukoyngel e galaas
hokejs

Fuggukoyngel

futbols

badminton

badmintons

atelettuuji

vieglatlētika

hanbol

rokas bumba

fijirɗe deggol e nees

slēpošana

polo

polo

golle
darbības

jalde
smieties
diwde
lēkt
ɓuucaade
apskaut
yaade
iet
yimde
dziedāt
hoyɗitaade
sapņot
juulde
lūgt
ɓuucaade
skūpstīt

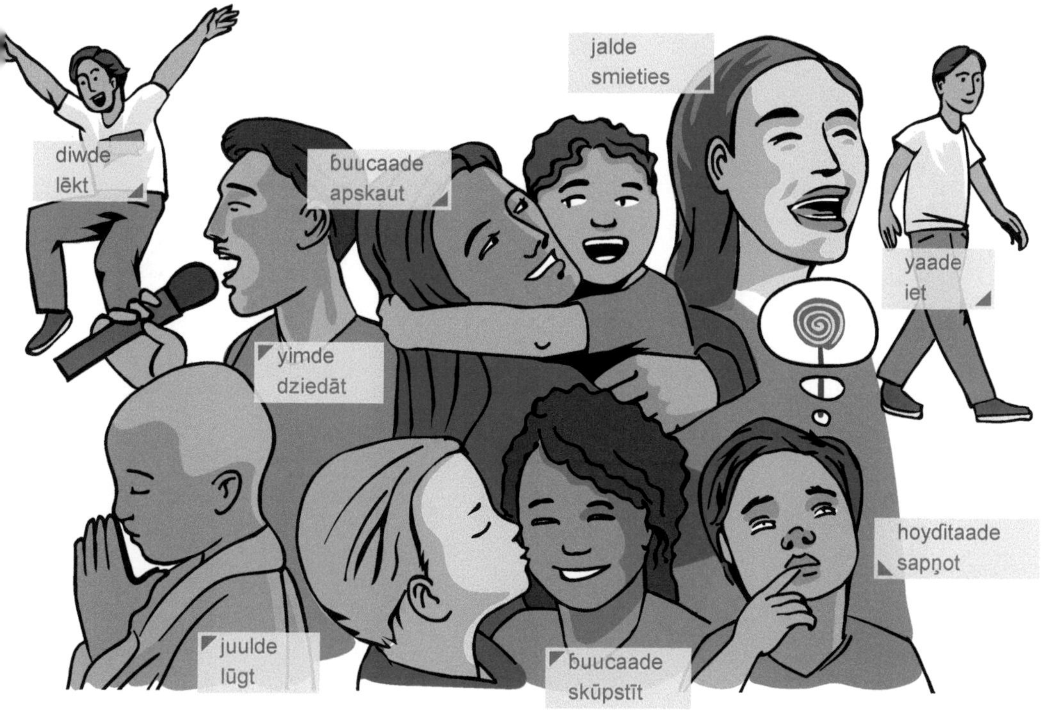

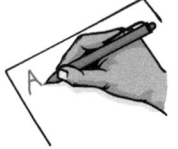

windude

rakstīt

siifde

zīmēt

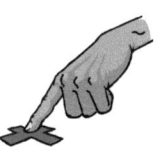

hollude

rādīt

duñde

spiest

rokkude

dot

ƴettude

ņemt

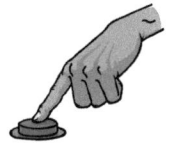

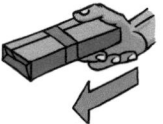

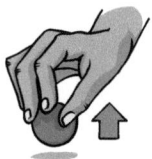

deñde
būt

waďde
darīt

wonde
būt

ummaade
stāvēt

dogde
skriet

fooďde
vilkt

weddaade
mest

yande
krist

fende
gulēt

sabbaade
gaidīt

roondaade
nest

jooďaade
sēdēt

ƃoornaade
uzģērbt

ďaanaade
gulēt

finde
pamosties

ỹeewde

skatīties

woyde

raudāt

helde

glāstīt

yeesaade

ķemmēt

haalde

runāt

faamde

saprast

naamnaade

jautāt

heďaade

dzirdēt

yarde

dzert

ñaamde

ēst

hawrinde

sakārtot

yiďde

mīlēt

defde

vārīt

dognude

braukt

diwde

lidot

awyũde
burot

qimaade
rēķināt

jangude
lasīt

jangude
mācīties

gollude
strādāt

resde
precēties

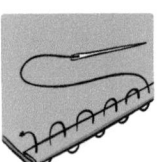

ñootde
šūt

soccaade ɣiiɣe
tīrīt zobus

warde
nogalināt

simmaade
smēķēt

neldude
sūtīt

ɓesngu
ɠimene

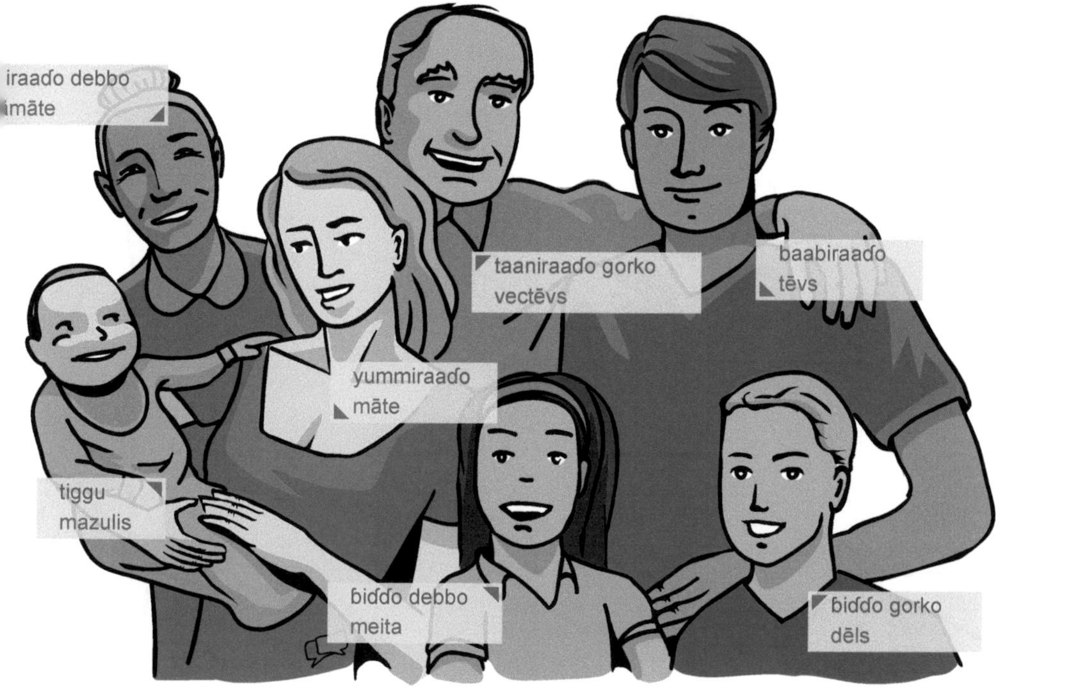

iraaɗo debbo
māte
taaniraaɗo gorko
vectēvs
baabiraaɗo
tēvs
yummiraaɗo
māte
tiggu
mazulis
ɓiɗɗo debbo
meita
ɓiɗɗo gorko
dēls

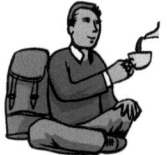

koɗo

viesis

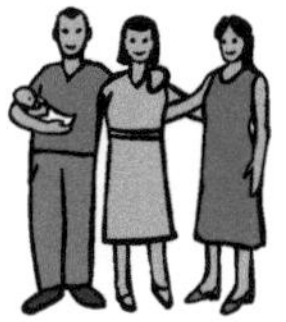

goggiraaɗo

tante

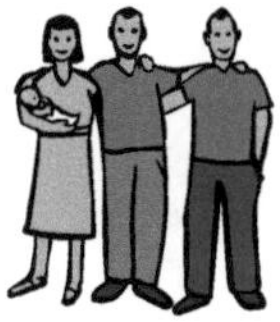

kaawiraaɗo

onkulis

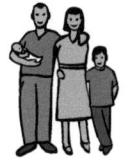

mowniraaɗo gorko

brālis

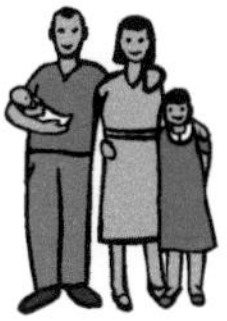

mowniraaɗo debbo

māsa

ɓandu
ķermenis

tiinde
piere
yiitere
acs
walabo
plecs
feɗendu
pirksts
yeeso
seja
waare
zods
jungo
roka
koyngal
kāja
endu
krūtis
jungo
roka

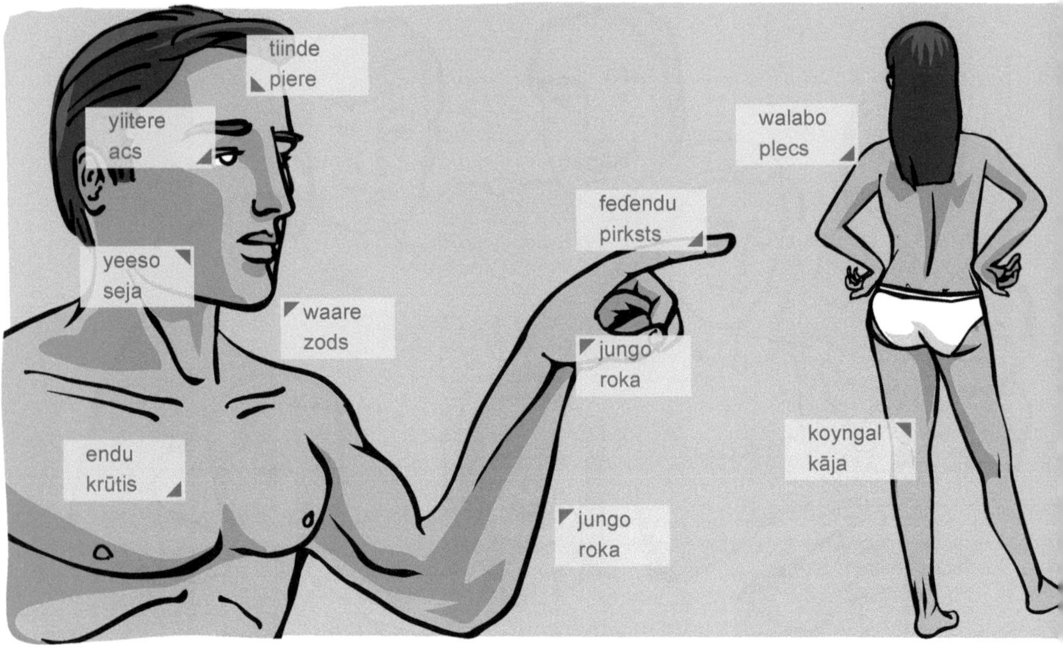

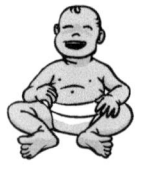

tiggu
mazulis

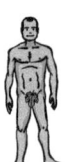

gorko
vīrietis

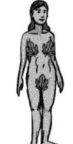

debbo
sieviete

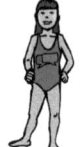

deftere kongoli
meitene

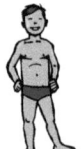

suka gorko
zēns

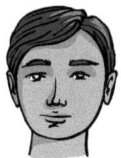

hoore
galva

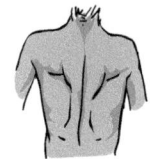

keeci

mugura

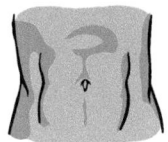

reedu

vēders

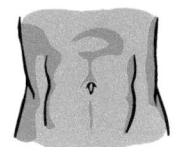

wuddu

naba

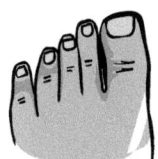

feɗendu koyngal

kājas pirksts

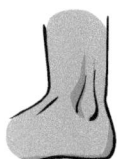

jabɓorgal

papēdis

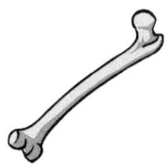

yĩyal

kauls

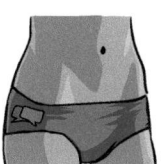

rotere

gurns

hofru

celis

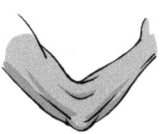

salndu junngu

elkonis

hinere

deguns

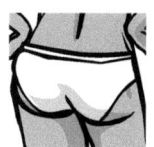

dote

dibens

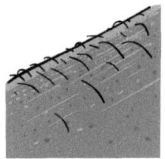

nguru

āda

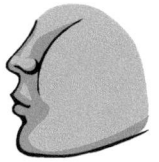

abɓulo

vaigs

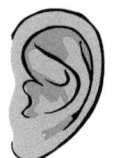

nofru

auss

tonndu

lūpa

hunuko

mute

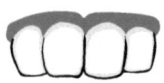

ñiire

zobs

ɗemngal

mēle

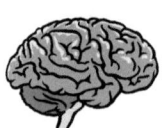

ngaandi

smadzenes

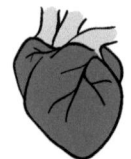

ɓernde

sirds

yĩyal

muskulis

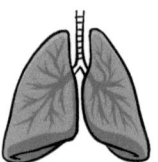

wecco

plaušas

heeñere

aknas

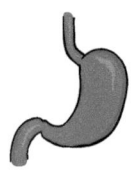

estoma

kuŋģis

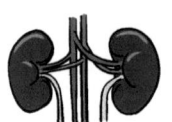

tekteki mawni

nieres

terɗe

dzimumakts

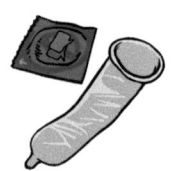

laafa ndeenka

kondoms

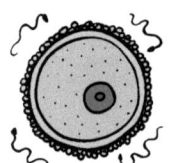

ɓoccoonde maniya

olšūna

maniya

sperma

reedu

grūtniecība

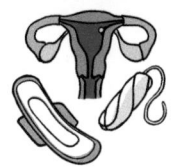

ỹiiỹam ella

menstruācijas

farja

vagīna

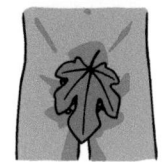

kaake

penis

leeɓi dow yiitere

uzacs

sukunndu

mati

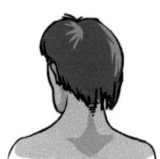

daande

kakls

suudu safirdu
slimnīca

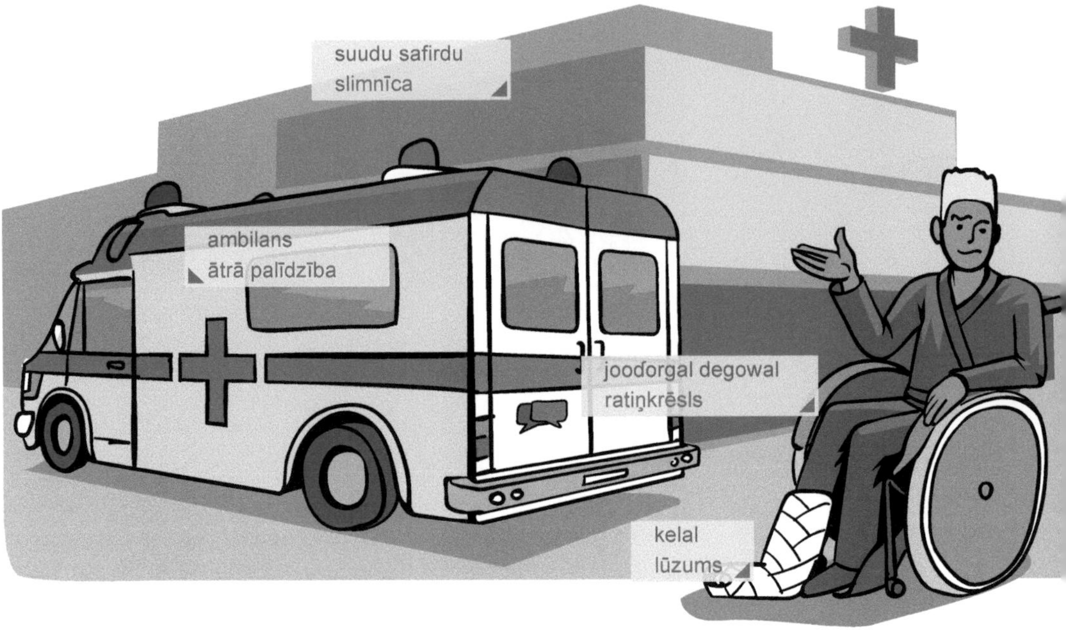

suudu safirdu
slimnīca
ambilans
ātrā palīdzība
jooɗorgal degowal
ratiņkrēsls
kelal
lūzums

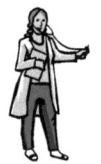

cafroowo

ārsts

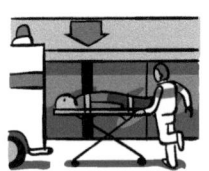

suudo irsaans

neatliekamās palīdzības nodaļa

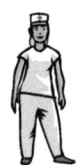

cafroowo

medmāsa

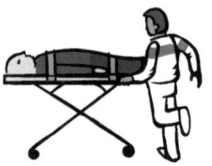

irsaans

ārkārtas gadījums

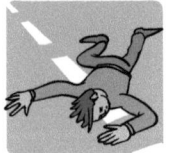

paɗɗiiɗo

paģībis

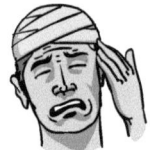

muuseeki

sāpes

gaañande

ievainojums

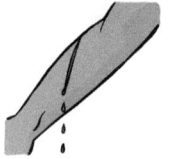

tuƴƴude

asiņošana

ɓernde dartiinde

sirdslēkme

darogol ɓernde

insults

alersi

alerģija

ɗojjugol

klepus

nguleeki ɓandu

temperatūra

maɓɓo

gripa

reedu dogooru

caureja

muuseeki hoore

galvassāpes

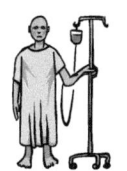

kanser

vēzis

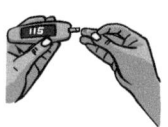

jabet

diabēts

operasiyon

ķirurgs

ceekirgel

skalpelis

operasiyon

operācija

CT

datortomogrāfija

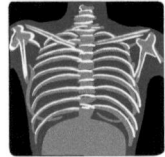

reyon-x

rentgents

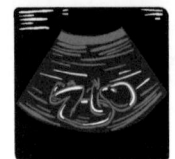

iltarason

ultraskaņa

mask yeeso

sejas maska

ñaw

slimība

suudu sabbordu

uzgaidāmā telpa

sawru tuggorgal

kruķis

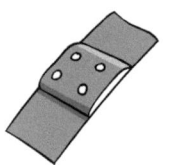

palatar

plāksteris

bandaas

apsējs

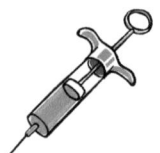

pikkitagol

injekcija

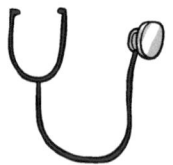

keɗirgel dille ɓandu

stetoskops

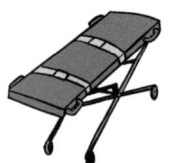

balankaaru

nestuves

betirgel nguleeki ɓanndu

termometrs

jibinegol

dzemdības

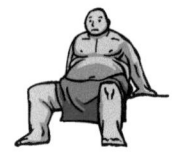

ɓandu ɓurtundu

liekais svars

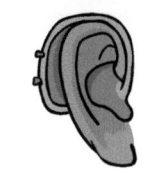

ɓallotirgel nonooje

dzirdes aparāts

desefektan

dezinfekcijas līdzeklis

infeksiyon

infekcija

viris

vīruss

HIV / SIDA

HIV / AIDS

safaara

zāles

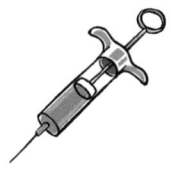

ñakko

pote

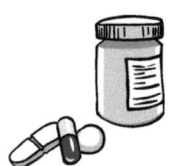

tabletuuji

tabletes

foɗɗere

pretapaugļošanās tablete

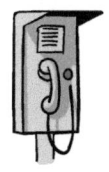

noddaango heñoraango

ārkārtas izsaukums

ɓetirgel dogdu ɣiiɣam

asinsspiediena mērītājs

sellaani / salli

slims / vesels

Paabođe!

Palīgā!

tintinirgel

trauksme

jangol

uzbrukums

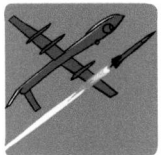

yande e

uzbrukums

musiiba

bīstamība

damal dandirgal

avārijas izeja

Paabođe!

Uguns!

ñifirgel jeynge

ugunsdzēšamais aparāts

aksida

negadījums

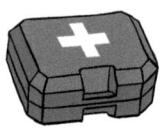

geđe cafrorđe gadane

pirmās palīdzības aptieciņa

BALLAL

SOS

Polis

policija

Erop

Eiropa

Amerik to Rewo

Ziemeļamerika

Amerik to Worgo

Dienvidamerika

Afiriki

Āfrika

Asi

Āzija

Ostarali

Austrālija

Atalantik

Atlantijas okeāns

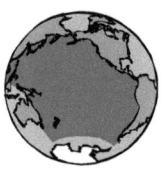

Pasifik

Klusais okeāns

Oseyan Enje

Indijas okeāns

Oseyan Antarktik

Dienvidu okeāns

Osean Arkatik

Ziemeļu ledus okeāns

Bange Rewo

Ziemeļpols

Bange Worgo

Dienvidpols

Antarktik

Antarktika

Leydi

zeme

leydi

zeme

maayo mawngo

jūra

wuro nder ndiyam

sala

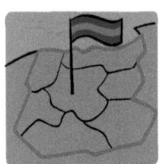

leydi

nācija

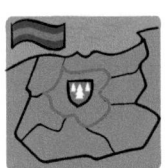

jamaanu

valsts

yeeso montoor

ciparnīca

misalel waqtu

stundu rādītājs

misalel hojomaaji

minūšu rādītājs

misalel majanđe

sekunžu rādītājs

Hol waqtu jonđo?

Cik ir pulkstenis?

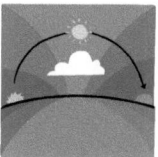

ñalawma

diena

saha

laiks

jooni

tagad

montoor disitaal

digitālais pulkstenis

hojom

minūte

waqtu

stunda

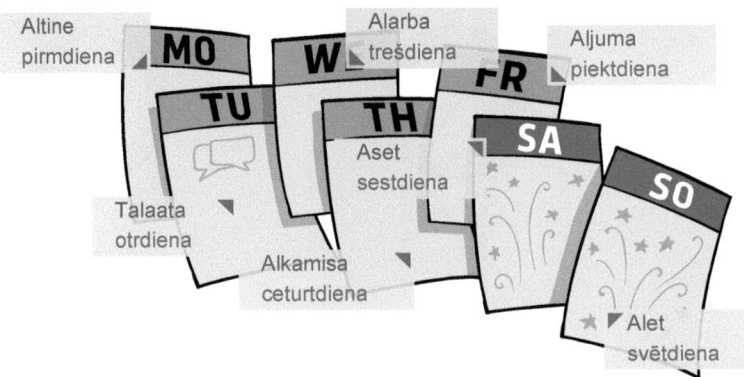

Altine
pirmdiena

Alarba
trešdiena

Aljuma
piektdiena

Talaata
otrdiena

Aset
sestdiena

Alkamisa
ceturtdiena

Alet
svētdiena

hanki

vakardien

hande

šodien

jango

rītdien

subaka

rīts

beetawe

pusdienlaiks

kikiiđe

vakars

ñalawmaaji golle

darbadienas

ñalamaaji fooftere

brīvdienas

hitaande
gads

toɓo
lietus
timtimol
varavīksne
hendu
vējš
nees
sniegs
caggal dabbunde
pavasaris
ndungu
vasara
dabbunde
rudens
dabbunde
ziema

4.APRIL 11°
5.APRIL 4°
6.APRIL 13°
7.APRIL 8°
8.APRIL 10°

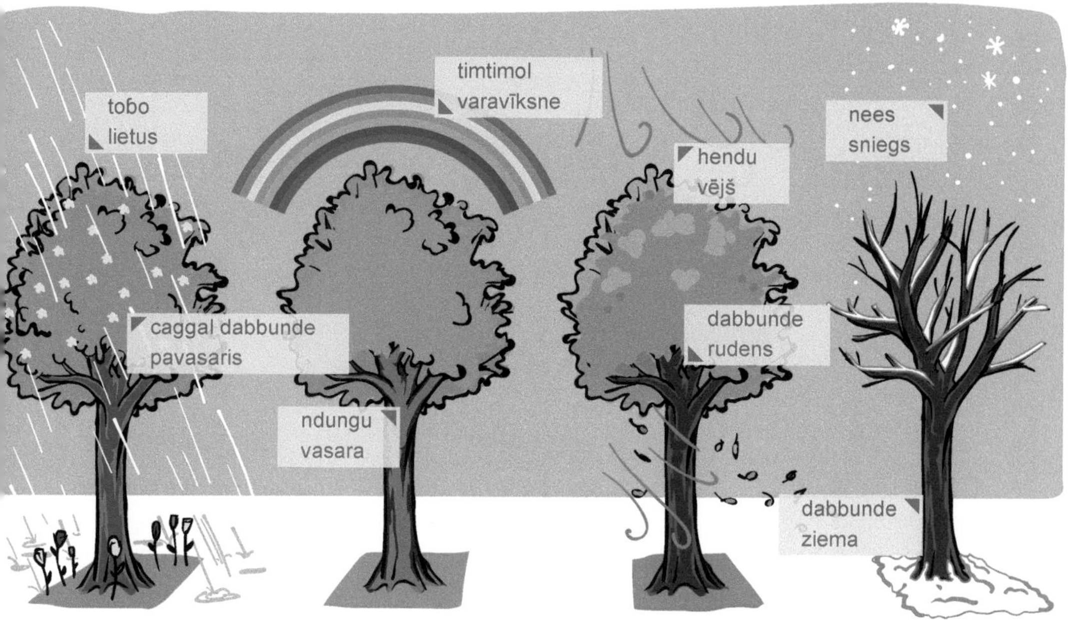

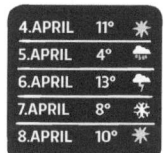

kabrugol geɗe weeyo
laika prognoze

F C
120 40
90 30
60 20
30 10
0 0
-30 -10
-20

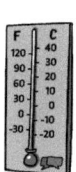

ɓetirgal nguleeki
termometrs

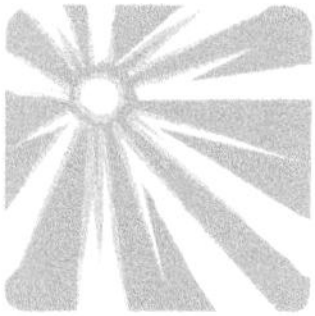

nguleeki naange
saules gaisma

duulal
mākonis

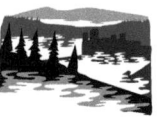

niɓɓere niwri
migla

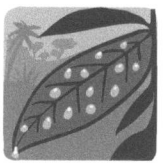

ɓuuɓol
gaisa mitrums

majaango

zibens

gidango

pērkons

hendu yaduungo e gidaali

vētra

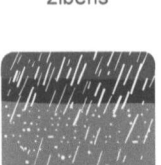

toɓo mawngo

krusa

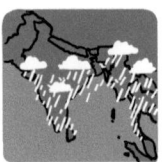

keneeli mawɗi

musons

toɓo yooloongo

plūdi

galaas

ledus

Janwiye

janvāris

Feeviriye

februāris

Mars

marts

Awril

aprīlis

Me

maijs

Suwe

jūnijs

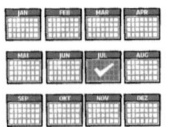

Suliye

jūlijs

Ut

augusts

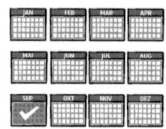

Setanbar
....
septembris

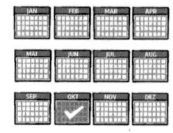

Oktobar
....
oktobris

Noowambar
....
novembris

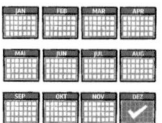

Desambar
....
decembris

taariɗum
....
aplis

bangeeji potɗi
....
kvadrāts

rektangal
....
četrstūris

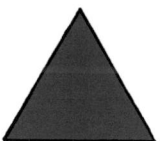

tiriyangal
....
trīsstūris

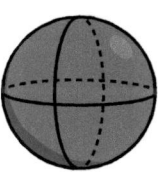

esfeer
....
lode

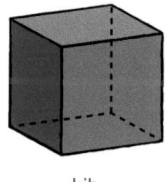

kib
....
kubs

deneejo

balts

puro

dzeltens

oraas

oranžs

roos

sārts

bođeejo

sarkans

yolet

lillā

bulaajo

zils

werte

zaļš

baka

brūns

giri

pelēks

ɓaleejo

melns

heewi / famɗi

daudz / maz

mittinɗo / deeyɗo

saniknots / miermīlīgs

yooɗi / soofi

skaists / neglīts

fuɗɗorde / gasirde

sākums / beigas

mawni / famɗi

liels / mazs

leeri / ɗibbiɗi

gaišs / tumšs

mawniraaɗo gorko / debbo

brālis / māsa

laaɓi / tulmi

tīrs / netīrs

timmi / manki

pilnīgs / nepilnīgs

ñalawma / jamma

diena / nakts

mayi / wuuri

miris / dzīvs

yaaji / ɓitti

plats / šaurs

ñaame / ñaametaake

baudāms / nebaudāms

bonɗum / moyy̌i

nikns / laipns

weelti / deey̌i

satraukts / garlaikots

ɓutto / cewɗo

resns / tievs

gadiiɗo / cakkitiiɗo

pirmais /pēdējais

sehil / gaño

draugs / ienaidnieks

heewi / ɓolɗi

pilns / tukšs

tiiɗi / hoyi

ciets / mīksts

teddi / hoyi

smags / viegls

heege / ɗomka

izsalkums / slāpes

sellaani / salli

slims / vesels

dagaaki / dagi

nelegāls / legāls

y̌oy̌i / y̌iy̌aani

inteliģents / dumjš

ñaamo / nano

kreisais / labais

ɓadi / woɗɗi

tuvu / tālu

keso / kiiđđo

jauns / lietots

haydara / huunde

nekas / kaut kas

nayeeji / suka

vecs / jauns

ne heen / ala heen

ieslēgts / izslēgts

udditi / uddi

atvērts / slēgts

deeyî / dilla

kluss / skaļš

galo / baasđo

bagāts / nabags

feewi / feewaani

pareizi / nepareizi

tekki / đaati

raupjš / gluds

suni / weelti

noskumis / laimīgs

daɓɓo / jutđo

īss / garš

leeli / yaawi

lēns / ātrs

leppi / yoori

slapjš / sauss

wuli / ɓuuɓi

silts / vēss

hare / jam

karš / miers

0

meere

nulle

1

goo

viens

2

điđi

divi

3

tati

trīs

4

nay

četri

5

joy

pieci

6

jeegom

seši

7

seeđiđi

septiņi

8

jeetati

astoņi

9

jeenay

deviņi

10

sappo

desmit

11

sappo e goo

vienpadsmit

12

sappo e ɗiɗi

divpadsmit

13

sppo e tati

trīspadsmit

14

sappo e nay

četrpadsmit

15

sappo e joy

piecpadsmit

16

ṣappo e jeegom

sešpadsmit

17

sappo e jeeɗiɗi

septiņpadsmit

18

sappo e jeetati

astoņpadsmit

19

sappo e jeenay

deviņpadsmit

20

noogas

divdesmit

100

teemedere

simts

1.000

ujunere

tūkstotis

1.000.000

miliyonŋ

miljons

Angale

angļu

Angale Amerik

amerikāņu angļu

Mandare Siin

ķīniešu mandarīnu valoda

Indo

hindi

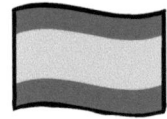

Español

spāņu

Farayse

franču

Arab

arābu

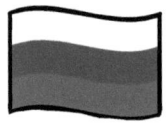

Riis

krievu

Portige

portugāļu

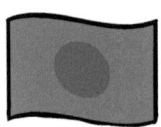

Bengali

bengāļu

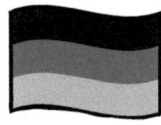

Alma

vācu

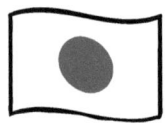

Sappone

japāņu

miin

es

ann

tu

♂ ♀ ○

kanŋko / kanŋko / kañum

viņš / viņa

minen

mēs

onon

jūs

kamɓe

viņi / viņas

holi oon?

kas?

hol ɗum?

ko?

hol no?

kā?

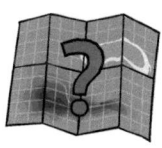

hol toon?

kur?

mande?

kad?

innde

vārds

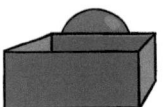

caggal

aiz

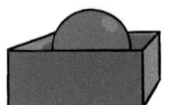

nder

iekšā

yeeso

priekšā

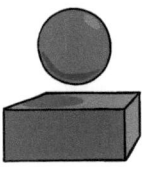

hedde

virs

dow

uz

les

zem

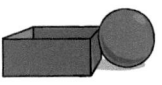

sara

blakus

hakkunde

starp

nokku

vieta